創見文化，智慧的銳眼
www.book4u.com.tw　　www.silkbook.com

創見文化，智慧的銳眼
www.book4u.com.tw　　www.silkbook.com

不動氣

溝通

行銷管理專業顧問 **楊智翔** / 著

不踩雷的零失誤攻心說話術

IMPROVE YOUR

COMMUNICATION SKILLS

AVOID WRONG CONVERSATION.

說話，是您的必修學分

　　您是否曾在重要場合，因為講錯話而砸鍋，抑或是得罪人而不自知呢？現今，溝通能力的重要性不言而喻，它是一門看似簡單，但其實相當複雜的學問，能否與人順暢交流，關乎著您的邏輯思維能力，是否能正確判斷周遭的環境並掌握人性，然後清楚的理解對方語意、做出回應。

　　但懂得察言觀色，適當地將意見和想法表達出來的人少之又少，有些人可能富有學識，但卻缺乏溝通力，若旁人看不出他的涵養，那就無法得到他人的注意和賞識；又有些人專業技能很強、表現出色，飽含豐富的經驗和見解，但表達能力很差，說話不流暢、語句用拼湊的，讓人無法理解正確意思，實在很可惜。

　　2006 年，《華爾街日報》曾針對企業雇用商學院畢業生的看法進行調查，結果發現，他們最討厭的第 1 名是「極差的書寫與口語能力」。另一刊登在美國《就業輔導期刊》的研究也指出，矽谷有許多公司同樣對大學生的書寫及口語能力表示不滿，認為社會新鮮人的詞彙運用與自我表達都要經過再訓練。

　　每個人都「會」說話，但卻不是所有人都「懂」說話，為什麼有的人處處受歡迎？有的人老遭受他人白眼？又為什麼有人總能遇上所謂的「貴人」？而有些人受到排擠？原因就在於有沒有「說對話」。

說話是現今極被重視且放大的能力之一，在職場上尤其重要，「會說的人」往往比「會做的人」升遷更快、成就更大，相信正在閱讀本書的朋友們，都是曾在說話及語意表達上碰壁過的人，想進一步改善自身的溝通能力。

　　著名人際關係學大師卡內基（Dale Carncgie）曾說：「公開的演講訓練是培養自信心的康莊大道，一個人的成功，15％是靠他的專業知識技能，85％靠他的口才交際能力。」很多人知道自己說話不流暢、表達不清，羞於在公共場合表達意見，因為在正式場合很容易腦袋空白、語無倫次，或是一句話都擠不出來，但如果是跟熟人，卻又能侃侃而談，說出自己心中的想法。

　　假如您也有同等困擾，那您絕對要將本書看完，書中針對各重點項目深入探討，除了引導您把話說出口外，更讓人聽得懂，我們絕對不能輕忽說話這件事，如果知道自己在說話上存在著某些問題，卻聽之任之，那在人生路上吃虧的絕對是自己。

　　本書用詞簡潔流暢，並從心理學的角度切入，彙集諸多實用且行之有效的溝通技巧，使讀者能夠學會提問、應答、讚美、拒絕等優質的溝通技巧，利用這些溝通技巧解決生活中難以應對的問題，了解有些話該什麼時候說？該怎麼說？又有哪些話不能說？立即提升說話力。

　　且這更是本暗藏妙招的說話「故事書」，文中大量使用故事案例，說明不同的說話術究竟該如何運用，從事例中學習有實際效用的說話技巧與應答的智慧，讓讀者更易於吸收。

　　俗話說：「早知道，早好；早學會，早好。」我們誰都無法預測說對話能為自己帶來何等利益，而說錯話又會產生多大的損失，因此我們絕不能錯過這本好書，讀完後您將學到高效、實用的溝通技能，提高您與人交往方面的語言能力，進而幫您掌握最能贏得人心的溝通訣竅，未來在溝通上能夠游刃有餘、順暢從容，輕鬆溝通不動氣，成就自己的精彩人生。

Chapter 1 溝通為什麼重要？

Chapter 2 開始前，先了解溝通心理

Chapter 3 領悟意圖，讓溝通順理成章

Chapter 10　高效溝通讓你工作更出色

Chapter 11　從一對一溝通到一對多演說

Chapter 1

溝通為什麼重要？

1-1 語言交流是人與人之間的橋樑

　　舉凡任何有效的溝通，一定要從心出發，以心為交流基礎。生活中，大多數的人總習慣言不由衷，與他人的互動中充斥著許多虛情假意與矛盾，內心彷彿被包上一層厚厚的繭，以客套的方式與人互動著，表面上可能和和氣氣，但心裡其實並非這麼想，甚至是各懷鬼胎。

　　如果人與人之間，始終以這樣冷漠的方式互動，那整個社會氛圍只會變得越來越惡劣、冷淡，相信你心中一定也很有感觸，在和別人交流時，只要對方帶有一絲真心實意，你就會萬分珍惜；其實，與他人真心相處並不困難，常言道有付出才有回報，人與人之間是互相的，如果想得到他人真心相待，我們就要同等地對待對方。

　　溝通，是我們每天都在做的事情，但很少人會認真思考「如何溝通」這件事情。溝通從每個字句，到言外之意的潛台詞，甚至是肢體表情、動作、呼吸，無一不間接傳達著訊息，沒有誰能跳脫與人溝通。

　　可是從小到大，卻沒有人教我們該如何溝通？在成長的過程中，從不會有人教我們怎麼把話說清楚，鮮少將想法具體表達出來，乃至人與人之間在傳遞訊息時，經常產生落差、誤解，尤其是在亞洲華人地區。

　　錯誤溝通的影響可大可小，輕微的影響，可能是無法讓他人理解我們心中的想法，不能和身旁的人作出明確的解釋；重則跟社會、家庭產生代溝，致使負面念想萌生，在一念之差下結束生命，且這種悲劇是愈發嚴

重。卡內基（Dale Carnegie）曾說過：「一個人的成功，15％靠能力，85％靠溝通技巧。」明確指出溝通的重要性，可見，人人都要學會正確的溝通方式。

因此，在進行語言表達時，與其說些不痛不癢的話套近乎，浪費彼此寶貴的時間、無法有效交流，不如先試著從自身的態度改變起，學會和他人交心，讓別人感受到你的誠意。相信你一定也和筆者一樣，身邊總有些不敢直接表達內心情緒或想法的朋友，他們就連在與親人相處，也經常掩飾自己的感情；試想，生活中有多少誤解，就是因為溝通不良導致的呢？

所以，我們千萬不要讓溝通上的誤解，變成終生的遺憾，試著坦誠地與人交流，學會與人溝通，尤其是自己所愛、所關心的親人朋友和愛人，唯有如此，你才能將誤會最小化，增進彼此的感情，也藉由溝通，替自己爭取到更多的機會。

溝通，是人與人之間連結情感的一種交際方式，它關乎思想、信任、情緒及任何方面，一個人溝通能力的強弱，對其一生會產生很大的影響，溝通無所不在，不局限於生活某一角落，只要我們和外界有接觸，就不可避免地要和別人交流，因此，學會溝通，你的人生道路勢必能更加暢通。

溝通情境題

　　小敏畢業後，在一家外商公司擔任企畫，這個工作的待遇相當不錯，發展前景也一片光明，小敏告訴自己一定要做好這份工作，對自己的要求相當高。

　　年終績效考核時，小敏的業績是同期員工中最好的，十分受到經理賞識，交給她許多大案子，而小敏為了讓經理對自己刮目相看，毫不猶豫地接下主管交付的任務，準備來場「單挑」。

　　即便小敏的能力是大家有目共睹的，但畢竟剛進公司沒多久，還是菜鳥，經理難免放心不下，多次問她：「小敏呀，妳確實很能幹，成績也很突出，但到底是剛進公司不久，有什麼不清楚的地方儘管問我們，各位前輩都很樂意告訴妳。」

　　「沒關係，請相信我一定能做好的，您放心！」聽到經理的鼓勵，小敏更一頭熱地投入工作之中。可這次小敏還是讓經理失望了，她不僅沒有如期完成任務，還差點害公司失去大客戶，而她失敗的原因便是「不善溝通」。

　　那天，經理臨時需要出差，出發前將一份重要的工作交予小敏，這項任務不僅重要還很緊急，經理再三提醒她要去請教前輩，了解客戶狀況，積極與對方溝通，才有利於案子的執行。

　　但沒想到經理出差回來後，馬上被公司高層叫去開會，被狠狠罵了一頓。原來是他交代小敏處理的工作出了大紕漏，她沒有和客戶溝通好細節，讓客戶相當不滿，一心要與公司解約，幸虧

總經理親自向客戶道歉，對方才勉為其難地再給公司一次機會。

　　經理相當訝異小敏會搞砸這個案子，以她的工作能力，絕對能夠勝任這份工作，為了弄清楚整件事情的原由，經理請小敏到他辦公室聊聊，但小敏的回答卻令他大失所望。

　　小敏說：「經理，這個客戶真的太難搞了，簡直不可理喻，我從沒見過這樣的人，根本沒有精力和他周旋下去。」

　　經理說：「不要把責任推到客戶身上，妳怎麼不審視一下自己哪裡做得不好呢？我跟妳說過要事先了解客戶的背景、合作狀況，詢問一下前輩的意見。」

　　小敏不屑地回：「他們也講得不清不楚，工作能力連我一半都不如，我和他們說不上幾句就講不下去了。」

　　聽到小敏的答覆，經理語重心長地說：「在公司空有能力是不夠的，如果妳想變得更厲害，就一定得學會溝通才行。」

　　不會溝通，就不會交際，做起事來勢必事倍功半，給自己增添許多麻煩，所以溝通力絕對是你立足社會必備的一項技能，而強大的溝通力並非我們與生俱來的，但只要掌握一定的技巧、方法，並加以鍛鍊，人人都能成為溝通高手。

① 提升自己受歡迎的程度

　　你覺得受歡迎的人應具備什麼條件？要成為一名受歡迎的人，方法有很多，但他一定有個必備條件：會溝通。試想，一個人在溝通的過程中，

如果總是出現這樣、那樣的問題，怎麼可能受到別人的歡迎？因此在溝通的過程中，若能懂得尊重對方、懂得忍讓，就會逐漸受到他人的歡迎。

② 溝通要避免帶有攻擊性

有些人在交談時，說話尖酸刻薄、咄咄逼人，每句話都帶有挑釁的意味，這類的人爭強好勝，不懂得維護人際關係。卡內基曾說：「你或許贏了辯論，但你卻輸了人緣。」任何咄咄逼人、帶有攻擊性的話，都會讓對方感覺不舒服，阻絕愉快、開放式的交流。

③ 保持和顏悅色

別人在說話時，除了直視他的眼睛外，也別忘了給對方一個微笑。微笑能讓人產生一種親切感，所以當你與人接觸的時候，盡量保持微笑，那將使你立即收穫對方的好感。還有句話說：「伸手不打笑臉人」，當你有求於人的時候，微笑絕對會帶給你意想不到的效果。

1-2 口才是可以訓練的

　　世界上沒有誰天生就擁有好口才、能言善道，即便是令人欽佩的名嘴或演說家，也不是在任何場合都能贏得喝采，說話和其他才能一樣，必須經過日積月累的磨練，沒有人能一步登天。

　　我們可以看看那些口才甚好的人，他們也都是在一次又一次的實踐過程中，觀察聽眾的反應，方能逐漸掌握說話技巧，提升自己的說話能力，名主持人唐湘龍自小也有口吃障礙，但他不斷練習，磨練自己，最後成功克服口吃障礙，在廣播界闖出自己的一片天空。

　　說話是為了讓別人了解自己的意思，而雙方的交談則是在取得彼此的互信和互諒，如果你因為對方無法了解你的意思，便自覺口才不好，而受到挫折，不願花時間、心思和對方交談，就代表你不了解說話的功用，不明白溝通所能帶來的功效。

　　許多播音員、節目主持人、演員都是善用語言的專家，但其中也有些人是從小不擅言詞的，既然如此，那為什麼他們現在卻能靠嘴上功夫吃飯呢？原因很簡單，因為他們明白自己口才不佳，所以更加倍努力地提升自己的表達技巧。

　　這個現象在企業界也一樣，據《Cheers》雜誌先前做過的「說話能力大調查」，近96％的受訪者認為「會說話的人容易升遷」。但某項調查結果卻顯示，業績最優秀和最差的業務員，幾乎都是性格內向、口才不佳

　　的人，至於性格外向、能言善道的人，大多業績平平。這是因為性格內向的人，通常會深入探尋事情的來龍去脈，並熱衷於研究原因，例如，當他們完成一件事情後，一定會檢討所有的得失，從中找出失敗的主因，然後進行新的嘗試，尋求成功的關鍵因素，而他們就是從這樣的過程中，累積自己的經驗。

　　比如你和一流的業務員，或其他會說話的人交談時，對方看起來可能很文靜或很斯文，話也許說得不多，但你卻會莫名地被他吸引，不自覺地順著對方的脈絡走。

　　我們要先了解好口才的定義，好口才並非一定是舌燦蓮花或八面玲瓏，就像有許多人在非正式場合與朋友歡聚一堂時，總能說些幽默、逗趣的話，因而深受大家的歡迎，但他們在參加一些正式會議時，反而變得沉默寡言，凡事都以「是」、「不是」、「有可能」或「不知道」來回應。

　　這是因為他們在面對眾人講話時，常會覺得渾身不自在，擔心自己說錯話，致使他們不能集中精力思考，而無法清楚表達出個人想法，有時甚至連自己在說些什麼也不清楚，遑論要在正式場合說出得體的話。

　　也許你也曾有過這種心有餘而力不足的感覺，因為每個人都希望自己能隨心所欲地思考問題、有邏輯地歸納想法，泰然自若地對眾人發表談話，或希望自己在商場或社交場合上，能口若懸河、侃侃而談，思路既清晰又富有說話魅力，好到讓大家折服，但又害怕被人取笑，因而過於在意他人的評價，導致心中充滿壓力，無法輕鬆自在地表達意見。

　　無論是誰，在正式場合難免都會有點怯場，許多著名的演員第一次面對攝影機時，也都緊張到忘詞、亂了陣腳，而他們最後都多虧於平日勤奮練習，心中的膽怯才得以克服，在每次的演出經驗中累積自信；所以我們

只要盡量表現得從容、大方，談吐自然得體，並不傷大雅地幽默一下就好，不用給自己太大的壓力！

只要你能時常保有以下想法：「這種方法不盡理想，是什麼原因呢？還有其他更好的方法嗎？」如此追根究柢，累積各種經驗，並經過多次的嘗試與體驗，你就能學會說話；此外，閱讀報刊、欣賞電影、傾聽人們說話，也是學習說話技巧、提升個人表達能力的方式之一。

任何人要想被一個群體所接納，就必須遵守該群體的規則，而當我們體會到這些規則後，就可以自在地使用語言，讓說話變成一件愉快的事。我們也不能讓談話始終停留在公式化的寒暄上，必須朝更高層次的目標前進，尤其是當你的想法、構想獲得大家的認同，或是在交談中感覺自己更善於待人處世時，你就會發現會不會說話、會不會溝通真的很重要，它可說是人際交往中的一項利器！

相信大家一定常聽到這句話：「能力不是光靠嘴巴說出來的。」不可否認的是，很多時候我們真的具備某項優秀的能力，但如果我們不說，別人又怎麼會知道呢？所謂的有能力，有時也是靠「說話」說出來的。

俗話說：「酒香還怕巷子深。」更何況是一個人所具備的能力呢？一個有遠大志向且具備卓越能力的人，假如連話都不會說，他又怎麼能向眾人證明自己的能力呢？或許你會反駁，能力大多是別人「做」出來的，但如果只懂得默默做事，而不具備一定水準的口才，那其所發揮出來的能力勢必會黯淡不少，效果甚至可能減少一半。因此，如果你有能力，你更應該學會「說話」，將自身能力做最大的發揮。

1-3　追求高效率，你需要溝通

　　有人說，溝通是促進社會發展最關鍵的因素之一，能讓團體中的成員互相了解彼此的想法，使大家想法一致，讓工作效率大大提升，因此，若想讓自己的工作、生活高效運行，你就必須成為一個懂得溝通的強者。

　　筆者曾遇過這麼一個案例，A和B是公司同事，A的個性和善，大家都非常喜歡他，反之，B的個性十分火爆，多數人都不願意與他合作。某次主管要求A和B共同完成一件案子，指示下達後，同事們都開玩笑地說A的運氣不好，準備要倒大楣了。

　　A完全不在意同事的閒言閒語，他一點也不擔心，最後也順利將工作完成，且鮮少跟B發生任何衝突，這件事火速在公司傳開，大家紛紛向A詢問是不是有什麼秘訣。

　　A告訴大家：「在合作的過程中，我從不會對B火上澆油，無論他當時的心情如何，我總對他施以微笑，他會自己調適心情，慢慢冷靜下來。」但B是個急性子的人，有時還是會激動得發抖，這時A會輕聲勸他，告訴他發怒對處理事情毫無益處，還可能帶來不良後果；儘管B嘴上不饒人，但還是會聽A的勸告。

　　面對B的急躁，A選擇用微笑以對，告訴他事情並沒有那麼糟糕，讓B的心理壓力得以減輕，有時候微笑沒有效果時，A也會用嚴肅的語氣警告，但絕不會和他爭執，這時B就會自我反省，思考產生不悅的原因。

有次A和B做完市場調查，B希望能在一小時內將資料分析完畢，但A的速度較慢，他就在旁不停催促、面露不耐煩，最後失去耐性，開始發脾氣，責備A做事沒有效率，耽誤到他後續的動作。

這時A不急不躁地說：「你需要的是一份真實反映市場情況、有數據資料的報告，還是一份沒有依據、含糊的報告呢？如果是後者，我現在就可以給你，但如果必須具有公信力，就請你在旁耐心等待，分析、計算數據需要時間，而且為確保資料的正確性，希望你不要再打擾我了，這樣我動作也可以快一些。」B聽完在旁默不作聲。

如果是你，你會怎麼做呢？A一直認真工作，可B一直在旁打擾、催促，A的心情一定也會大受影響，但如果A冷言相對或加以譏諷的話，雙方肯定會爆發爭吵，這樣非但無助於工作的進程，還可能被延誤、開天窗，兩人將更難合作下去。

所以A用和善的態度向B溝通，不僅化解了原先高壓的氣氛，也將B的情緒壓制下來。根據筆者對兩人的認知，B的能力相當不錯，與A合作的過程中，他了解到自己的問題所在，兩人積極溝通、互相幫助，短時間內便完成主管指派的任務，完成度跟正確性都非常高，獲得主管的讚賞。

若想在工作上追求互利共贏、在團隊力求完美協作，需要彼此達成有效的溝通，這也是為什麼有些人明明能力很強，但跟團隊配合時，事情卻總是做得不夠完美，那肯定是溝通這環節出了問題；所以，在追求高效率時，你可以試著從溝通這塊來改善。

1 學會與各種人打交道

為了有效工作，你必須學會跟不同的人打交道，每個人做事的方式肯

定存著差異，所以我們得知道如何以最有效的方式，與不同種類的人進行溝通，人類的行為並非完全無章法可循，在對話的過程中，多觀察他們的行事風格，絕對可以找到最佳的溝通方式。

② 不蠻幹，需要協助就說出來

如果覺得工作量過大，超出個人能力時，不要一昧地投身於工作中蠻幹，倘若你不說出來，你的老闆、夥伴們，絕對不會察覺到事情已超出你的負荷，而且你也不能怪別人未注意到，每個人都不是你我肚裡的蛔蟲，且大家的承受力不盡相同，同樣的事情對其他人來說可能綽綽有餘。

所以，當你認為事情超出自己的極限，需要他人協助完成的時候，要懂得以積極的方式表達出來，與夥伴或老闆進行溝通。

③ 面子做足，即便意見不一也別傷了和氣

團隊最怕遇到什麼？那就是彼此沒有交流，因為這樣就不可能達成共識，而沒有共識，就無法協調一致，倘若彼此沒有默契，也就無法發揮團隊作用，失去建立團隊的意義。因此，當我們與夥伴、同事的意見不一致時，我們要懂得以禮待人，即便你說的是對的，也要懂得給對方留面子，然後再耐心陳述自己的看法。

④ 心態要好，與人為善

要想更好地與他人合作，你就要懂得保有一顆謙善的心，與人為善、謙虛謹慎，千萬不要任由自己使性子，惡言相向、發脾氣，否則沒有人會願意與你打交道，這也是為什麼很多人常常一言不和就溝通破局。

　　我們要懂得收斂自己的脾氣，需要向他人請益、說明的地方很多，但如果因為自身的脾氣，過於自傲、自大而得罪人，那真的遇到問題時，就不會有人願意向我們施以援手。

　　如果每個人都能清楚認識到溝通的重要性，碰到問題能積極且態度良好地與他人對談，獲得的成效絕對會出乎你意料之外，在職場更是如此。團隊夥伴各司其職是很好，但不可能每個人都獨自完成工作，大部分的工作仍需要夥伴共同完成、討論。

　　一個無法良好溝通的團隊，就好比一個被分解成零組件的引擎，所有零件雖然都處於良好的狀態，但如果沒有其他零件共同運作，單個零件將無法正常運轉。所以，每個成員除了完成各自的任務外，還要將自己的任務與他人組合成一個完整的項目，而溝通就是將這些任務銜接在一起的重要樞紐，一間公司若能上下級、團隊間達成有效的溝通，其整體績效肯定很高，也能凝聚出一股士氣和鬥志；擁有士氣與鬥志的公司，工作氛圍也會是輕鬆愉快的。

1-4 語言，它力大無窮

　　語言好比一把利刃，說話者或許沒有惡意，但那句話卻可能像一把刀，深深刺進對方心裡，人其實很脆弱，有時候別人說的一句話，就可能讓我們耿耿於懷一輩子，真的不要忽視語言的力量。

　　常說：「會說，說得人笑；不會說，說得人跳。」但其實這不是最嚴重的，最嚴重的是，語言可能過度刺激他人，致使一條生命離去。

　　筆者遇過一個女性個案，諮詢者還在念大學時，某次假日要跟男友出門約會，相信大家都知道愛美是女人的天性，所以她精心打扮，當天穿迷你裙配上黑色透膚絲襪，畫了點淡妝後準備出門，經過客廳時，坐在沙發上看電視的爸爸看到女兒的打扮，劈頭便罵道：「你怎麼穿得跟妓女一樣！」

　　這句話的殺傷力很大，讓諮詢者當場愣住，覺得自己被爸爸羞辱，氣得奪門而出，從此這句話的陰影深深烙印在她心中，記了好幾十年，時至今日仍無法與父親好好相處，總會刻意保持距離、十分疏遠。她心裡明白那句話其實沒有惡意，只是因為爸爸的觀念傳統，但那句話卻像一根毒針般，深深刺進心中，使她無法忘懷。

　　現實中這種案例很多，語言暴力充斥在我們周遭，每個人都有被他人言語傷害的經驗，不管是陌生人還是至親，筆者也曾經有過。所以，我們在跟別人溝通時，應當心自己說出口的話，據研究顯示，那些曾經遭受暴

力傷害的人，未來也很容易對他人施以暴力，可見暴力是透過學習而來的，亦或是被潛意識中的陰影所影響；因此，不管是肢體暴力還是言語暴力，都會傷害他人於無形，任何一句話、一個動作，都可能造成一輩子無法彌補的遺憾。

　　請相信語言擁有你無法想像的力量，它不光是表達、溝通的工具，更可以傷害或造就一個人，我們要謹慎小心，成是它、敗也是它。所以，我們平常在與人溝通時，不妨試著包裝一下語句，至少讓話聽起來平緩柔和，不要那麼直接、刺耳。

　　前文有跟各位讀者提過，語言是人與人之間交流的介質，倘若能靈活運用語言，彼此間的交流將更加順暢，反之，假如我們在與他人溝通時，總是詞不達意，或是說話的方式讓人覺得心裡難受，只怕願意與你相處的朋友會越來越少，同樣一件事情，由不同的人以不同的方式表達出來，結果絕對是大相逕庭；尤其是社會經驗豐富的人，他們的感受一定會更加明顯。下面跟大家分享語言包裝的小故事。

溝通情境題

　　週末，小明拿著手機，用Google map程式在租屋處及公司附近閒晃，他剛被公司調到外縣市的分公司，所以趁著休假抓緊時間熟悉周邊環境。他整個心思都放在手機和認路上，突然有位女學生叫住他。

　　女同學開門見山地說：「您好。我是紅十字會的志工，正在

進行募捐活動，想詢問您是否願意發揮愛心，進行捐款呢？我們會贈送您一枚徽章作為紀念。」

　　小明仔細打量著這位女同學，看她身上確實穿著紅十字會的背心，手上也拿著紅十字會的捐款單及徽章，但他心中還是充滿狐疑，覺得現在社會上的詐騙集團這麼多，光從這幾點怎麼能確認這位女生真的是紅十字會的志工呢？所以他婉拒了捐款。

　　小明繼續拿著手機觀察周遭環境，腦中卻一直浮現剛剛那位同學，心想她可能真的是紅十字會的志工，但依照女學生這樣的募捐方式，只怕收效甚微。所以小明調頭找到那女同學，跟在同學後方不遠處，觀察她募捐的成效，果不其然，願意捐款的人少之又少。

　　這時小明走上前去，對她說：「妳好。妳剛剛有向我募捐，我認為妳可以換一種方式表達，這樣效果可能會比現在更好。」小明就這樣站在路邊指導她，確定女同學了解後便離開了。

　　受到鼓舞的女同學，走向迎面而來的一位男士，說道：「您好，非常抱歉，請容許我耽誤您幾分鐘的時間。我是紅十字會的志工謝孟庭，正在為國際難民進行募捐，不管您捐獻多少善款，我們都將贈送您一枚紅十字徽章，以感謝您奉獻的一份心力。」這名男士稍有遲疑，但仍從皮夾中抽出兩百元善捐。

　　這名女同學起初以開門見山的方式表達，根本不在乎對方的感受，一股腦地將心中想說的話全說出來讓對方知道，令人一時反應不及，因而充

滿防備，小明指導她如何包裝自己的語句後，女同學表達的內容不再那麼咄咄逼人。這就是包裝語言的重要性，同樣的事情即便由同一個人來說，只要表達方式不同，便會給人留下截然不同的印象和感覺。

若想讓生活變得更美好，就要有更多的人學會包裝語言，這就好比夫妻關係，有些夫妻說話就像射擊機關槍，一輩子打打鬧鬧，沒有消停的一天；但有些夫妻就不一樣，他們相敬如賓、舉案齊眉，說話臉都沒有紅過。

人際關係也是如此，若想與他人打好交道，就要努力改變自己說話的方式，以高情商、高智商來表達，要知道，當別人還不了解你的時候，除外表給人的第一印象外，你的說話方式就是你的名片，對方會經由此來判斷是否要給予你同等的尊重及敬意。

生活中有很多時候，我們都會因為拉不下臉面，而選擇被動的方式來解決，一再拖延，把原本很簡單的問題，搞得越來越複雜，讓原本無關緊要的矛盾變成致命傷，這樣的結果想必不是你我願意看到的。

在人際交往中，溝通起到的作用至關重要，很多時候會造成遺憾或是誤解，往往都是因為溝通不到位所致，倘若我們能正視問題，客觀分析、評價問題，以完善的方式積極解決，那就可以避免很多誤會的產生。

尤其是在職場上，當我們在面對主管時，作為下屬的我們，即使認為對方的要求很不合理，或是你有更好的建議，也不敢直接提出來，致使矛盾累積；人若不斷壓抑自己的情緒，到忍受不了、爆發的那天，必定是驚天動地，後果不堪設想。所以，不管是對主管、下屬，還是朋友、夥伴，我們都應該主動尋求溝通，只要溝通順暢了，任何事情都會順利。

溝通情境題

　　最近總部調派一位新經理至辦事處，自此辦事處同仁們的苦日子就開始了。原先他們每天都可以準時下班，還能擁有精彩的夜晚，但現在各個都要加班到晚上八、九點，下班後只想趕緊回家休息，彷彿身陷煉獄之中，苦不堪言。

　　所有員工中，小小是最不能適應工作模式改變的人，她只堅持了半個月，便開始消極抵抗，每天大家在加班時，她就偷偷地看連續劇、逛網頁，時間一久，她的工作績效越來越低，不但影響到整體工作進度，甚至錯誤百出，其他人還必須幫她善後。

　　某天晨會，經理針對小小的工作情況提出來檢討，當著部門同仁的面狠狠批評她，小小覺得十分委屈，在經理的責備下哭了出來，壓抑不住情緒、當場爆發。

　　她歇斯底里地喊：「你算什麼主管，有你這樣帶人的嗎？我們兢兢業業上班，但每天都加班，日也操、夜也操。你現在還好意思檢討我，你怎麼不反省一下自己呢？我們都是有血有肉的人，不是冷冰冰的機器！」說完，小小起身走出會議室，當天便提出辭呈。

　　相信這則故事一定讓許多讀者感同身受，代表著許多職場人士的生存現狀和心態，主管無休止地要求員工加班、趕績效，心中雖然無法忍受、滿腹牢騷，但又不敢向主管反應，任由負面情緒不斷累積，直到忍無可忍

時一次爆發，憤而離職，對雙方都不好。

這樣的做法並不明智，明明知道自己總有一天會忍無可忍，那為什麼不一開始就主動溝通，表達自己的看法呢？也許你的主管並非真的這麼冷酷無情，只是沒有設想到這塊而已，很多事情都是可以溝通的，別等到發生時才惡言相向，用言語來傷害人。

如果小小在剛開始加班之初，便主動與上級溝通，告訴主管自己必須有正常的作息時間，隔天才能以良好的精神狀態投入工作，即便主管可能不接受這樣的說法，認為員工無法勝任工作，因而請他離職，但最起碼我們有做出努力，為自己爭取過權益。

每個人都有最基本的人權，事情不如意時，與其衝動地意氣用事，不如冷靜、理智地進行攻防，世上有什麼事情不能當面交流呢？任何事情都可以商討，記住，只有主動才能佔據優勢、左右事情的發展，為自己爭取最大的利益，但在溝通的過程中，也別忘了稍微調整說話的方式，這樣不僅有助於目的達成，也不會傷害到他人。

記住，語言的力量是非常大的。

Chapter 2

開始前，先了解溝通心理

2-1 同理心：製造情感共鳴，打開溝通心門

我們都有過這樣的經驗，走進一間陌生的房間或是與不熟悉的人碰面時，都會在心中問自己：「不曉得他是怎樣的人？我可以和他交往嗎？」的確，面對陌生人時，人們總會本能地帶著警惕和戒備之心，這是我們在成長中自然而然形成的防衛狀態。因此，若我們想迅速拉近與陌生人之間的距離，與對方溝通，就要製造出情感共鳴，打開對方的心門。

心理學有個著名的概念：同理心。所謂的同理心，就是指我們要站在對方的角度和立場思考問題，在人際溝通中，表達同理心非常重要，能讓對方覺得你們是同一國的，態度自然軟化，無形間拉近雙方的距離。

任何初次見面的人，一定都會處於心理戒備的狀態，彼此之間都會存在心理距離，而溝通的目的便在於打破心理隔閡、建立友誼，從而達到更深層次的交際目的。那要如何拉近彼此的距離呢？答案就是運用心理技巧，製造出惺惺相惜的心理磁場，形成一種同理心。

同理心是一種態度，也是一種技術。以態度而言，我們身為人類，對另一個生命擁有感同身受與充分理解的意願，而非冷淡或漠不關心，因此我們展現同理心的首要條件是：具有這份與他人連結的意願，並帶著真心誠意的態度，否則，任何高明的回應都起不了作用。工具本身是死的，唯有我們賦予它生命，才能展現活力與功效。

以技術而言，簡單的同理心就是兩個步驟的組合。第一個步驟為「感

同身受」，也就是對他人的處境，有深刻理解並體察對方的感受，彷彿發生在自己身上，像筆者教導「感同身受」時，通常會啟動內在感官，試著站到對方的位置上，透過他的眼睛看世界，透過他的耳朵聽聲音，以他的角度感覺一切，越多越好。

同時，將注意力放到此刻的內在感受上，特別是身體的感覺，身體會為我們帶來一份情緒訊息，然後進一步去辨識這是什麼樣的情緒感受。接著，下一個步驟便是「表達出來」。

表達是透過語言以適當的情緒形容詞，將我們理解到的情緒感受說出來，讓對方知道。表達時，要佐以適切的表情、姿態、語調及速度，與那份情緒屬性相配合，「表達」的目的就是要讓對方感覺自己被理解，因而能產生更多的連結，使接下來的對話能更深入、豐富。

孔子說：「道不同，不相為謀。」志同道合，才能談得攏，有共鳴才能使談話融洽自如，所以我們一定要站在對方的角度，感同身受，將同理心傳達出來。那我們該如何製造同理心，與陌生人相處呢？

① 尋找共同話題

一個人的心理狀態，性格、愛好乃至精神追求等，都或多或少會在他們的表情、服飾、談吐、舉止等方面有所表現，只要你善於觀察，就會發現你們之間的共同點。除此之外，我們還要學會揣摩、分析，因為很多資訊都隱匿在交談的話語中，細細分析才會有所察覺。

② 學會拉近彼此關係的技巧

我們可以多從以下幾個方面注意自己的說話方式，首先是多讚美對

方。若想讓對方覺得你在關心他，可以從他的優點下手，加深對方對你的印象，每次見面都找一個優點讚美，絕對能在不知不覺中拉近彼此的距離。

其次可以多注意一些禮貌用語，使用「請教」之類的語氣，較容易獲得對方的好感，且在對話的過程中，你也可以試著用「我們」這二字來拉近彼此的距離，善用「我們」來製造彼此間的共同意識，對促進關係有很大的幫助。

再者，與人交談的過程中，可以多提到對方的名字，拉近兩人的親近感，不斷稱呼對方，容易產生彼此認識很久的錯覺。

③ 以好感為起點，讓彼此心理更穩固

與人交往，找出共同話題，建立好感並非難事，但要讓彼此的關係更深一層次，就得體現於你的語言水準了，發現共同點其實沒有很難，這是促成談話最基本的，困難的是鞏固、加深彼此間的關係。

總之，無論我們用什麼方法，只要能和對方產生心理共鳴，人與人之間的摩擦事件與心理衝突便會大大減少，更容易建立良好的溝通氛圍，所以，為了使自己的熱情獲得他人的正面評價，我們有必要在溝通前先熱身，積極創造條件製造同理心，和對方站在同一陣線上！

2-2 虛榮心理：滿足虛榮心，溝通更順暢

虛榮心可謂人性的弱點，不論是多麼淡泊名利的人，心中多少都存有虛榮心，所以我們在溝通的過程中，可以試著從這點出發，滿足對方的虛榮心，讓他心中產生一種莫大的優越感及滿足感，自然就會聽從你的建議，在不知不覺中認同你。

有次，乾隆皇帝閒來無事，想測試一下臣民讚譽有佳的智者紀曉嵐有多聰明，於是他傳喚紀曉嵐進宮問話。

乾隆對紀曉嵐說：「紀曉嵐！」

「臣在！」

「我問你，何為忠孝？」

紀曉嵐毫無遲疑的說：「君叫臣死，臣不得不死，為忠；父叫子亡，子不得不亡，為孝。合起來，就叫『忠孝』。」

乾隆聽到紀曉嵐這麼回覆，順勢就說：「好，那朕就賜你一死。」紀曉嵐一聽，有點愣住，不知道皇上為什麼要這麼說，認為可能是玩笑話，但君無戲言，既然皇上都開口了，他也只能唯命是從，於是他隨即謝主隆恩，離開大殿。

乾隆說完後馬上就後悔了，倘若紀曉嵐遵命，那就得死，可如果沒有遵命，也犯了欺君之罪，還是得死。紀曉嵐是位忠誠的臣子，死了該有多可惜呢？但即便如此，乾隆還是想看看紀曉嵐這次會如何自救。

半炷香的時間過了，這時紀曉嵐氣喘吁吁、面有難色地跑進大殿，咚一聲跪在乾隆面前。乾隆見狀，故作生氣地說：「放肆！好個紀曉嵐呀，朕不是賜你一死嗎，你竟敢又回來？」

紀曉嵐回：「皇上，微臣原本真的打算去死呀，但當我準備跳河時，屈原卻突然從河裡跳出來，很生氣地對我說：『紀曉嵐，枉費你還是一名讀書人，怎麼會這麼糊塗呢？當年我之所以一躍汨羅江，是因為楚懷王昏庸無道，可當今聖上皇恩浩蕩，賢明豁達，你怎麼能尋死呢？』我一聽到屈原這麼說，就趕緊跑回來了。」

聞言，乾隆哈哈大笑地說：「好一個紀曉嵐，你果真是能言善辯呀！」

你認為聰明的乾隆會聽不出來紀曉嵐在說恭維的話嗎？可他仍順著紀曉嵐的話，在心中將自己定位為賢明的君王。紀曉嵐看似愚鈍，奉命執行乾隆的「賜死」指示，但又反過來利用每個人虛榮的心理，替自己解圍，保住自己的小命。

曾有位法國哲學家說：「如果你要得到仇人，就表現得比你的朋友卓越；但如果你要得到朋友，就要讓朋友表現得比你卓越。」這道理很簡單，當他們覺得自己更優越時，就會有一種被重視的感覺；反之，如果你表現得比朋友優秀，他們會產生一種自卑心理，反而形成羨慕和忌妒的心。

因此，學會隱藏自己的鋒芒，適度地恭維他人，這何嘗不是一種大智若愚呢？可謂獲得人際關係的重要手段。在交往中，每個人都希望能得到別人高度的肯定，會不自覺地維護自己的形象和尊嚴，如果你表現得過於強勢、高人一等，那就是對他自尊和自信的一種挑戰和輕視。所以，聰明

人會選擇讓自己「低人一等」，巧舌如簧地讓對方感受到自己的優越。

那在溝通的過程中，我們要如何滿足對方的虛榮心呢？

①　承認對方的能力

一位成功人士說：「為他人叫好，並不代表自己就是弱者。為對手叫好，非但不會損傷自尊心，還可能獲得友誼與合作。」同時，這也是一種心理策略，每個人都愛聽讚美與肯定的話，我們承認對方的能力，有利於消除對手的戒備心，甚至有利於我們從對手那裡獲得經驗及教訓，從而提高自己，在不斷提升和完善自我後，贏過敵手可謂勢在必然。

②　放低身分，表現出良好修養

這點在與比自己身份低的人說話時尤為重要，偶爾說「我不明白」、「我不太清楚」、「我不理解你的意思」、「請再說一遍」之類的話，會讓對方覺得你富有人情味，沒有架子。反之，趾高氣揚、說話咄咄逼人，不僅容易傷害到別人的自尊心，還會使對方對你充滿防備，導致溝通受阻。

③　多說恭維話

對他人淵博的學識表現出敬佩的樣子，這樣不僅讓他們狂妄的心理獲得滿足，也會使他們為了表現自己，而向我們傳授更多的知識。

西方有句格言是這麼說的：「請用花一般的言語說話。」為此，在與人溝通時，如果你想獲得成功，不妨多說些滿足對方虛榮心的話，使對方心情愉悅起來，進一步建立良好的交流，為溝通奠定良好的基礎。

2-3 互惠心理：互利互惠，一舉兩得

　　不知道你是否有過這樣的經驗，公車站有一群人準備上車，如果大家都爭先恐後的上車、誰也不讓誰，那最後可能是所有人都賭在車門口；但如果大家遵守秩序，依序排隊上車，不僅都上了車，還節省不少時間。

　　溝通時也是如此，尤其是涉及利益時，總有些人不肯讓步，甚至爭論到不可開交的地步，他最後可能吵贏了，但從長遠的角度來看，他卻是失敗的，因為從社交的角度看，那種以利益優先，至人情於不顧的「勝利者」，最終都不會獲得任何人的信任與好感，肯定會成為社交圈中被嫌棄的人。所以，千萬不要在溝通的過程中，一昧地爭取勝利、避免失敗，這都不是最好的結果，因為溝通就是為了創造雙贏。

　　常說：「來而不往非禮也。」中國人素來也有「滴水之恩，定當湧泉相報」的美德，人與人之間的關係，正是在這種你來我往中增進的。俗話說：「拿人手短，吃人嘴軟。」這句話是什麼意思呢？其實很簡單，就是拿過對方的好處後，會不好意思拒絕對方的要求，這就是互惠原則。因此，在與人溝通的過程中，我們要遵循互惠心理，引導對方接受雙贏的溝通結果，促成一個皆大歡喜的結局。

　　國外有位教授隨機挑選出一群學生名單，他與學生彼此互不認識，然後寄了張聖誕卡給名單上所有學生，他估計會收到一些人的回覆，但最後的結果卻令他相當吃驚──回信如雪花紛飛般寄至家中信箱。

　　為什麼會這樣呢？我們從小接受到的教育，一般都是獲得某些禮物時一定要回禮，在我們腦中，被植入一個根深蒂固的行為模式，當別人給我們具有價值的東西時，我們要給予回饋及報答，所以你也可以說互惠原則以某種程度支配著我們。

　　根據社會學家研究，人類之所以有別於其他動物，就是因為人類的祖先學會在公平的償還機制中分享食物和技能，才有後續的勞動分工和社會發展。當妻子正在家裡做著家務，丈夫識相地找點事做，因為當妻子在擦地板、洗衣服、洗盤子，埋頭幹著家裡的任何一項勞動時，丈夫正看著球賽彷彿不以為意，其實他內心會產生愧疚感。

　　當朋友邀請你吃飯，你就會覺得自己也應該邀請他們到家中做客或是回請對方。雖然做晚飯需要付出大量的準備工作，向公司請假又需要更多的付出，但去別人家裡做客卻不回請的話，總會覺得良心不安。

　　出於人們為你做了某些事，所以你感到有責任或被迫去為他人做些什麼，這樣的例子比比皆是，這並非我們的「天性」，只是因為小時候受到的教育，產生制約反射的結果，而且很難被推翻。

　　所以在現代社會中，互惠原則是一種非常有效的說服工具，在互惠基礎上，人們會較容易答應平常可能拒絕的請求。我們會根據自己的喜好，選擇交往對象或購買物品，但在互惠原則的影響下，個人喜好因素很有可能變得微弱，互惠原則甚至具有超越個人喜好的力量。

溝通情境題

　　小崔研究所畢業後，到一間中外合資的大型企業工作，因為能力突出，學歷又相當不錯，所以很快就升上主管職，平步青雲。新官上任不到幾天，小崔發現有位女職員對他的成見似乎很深，這名女職員年近四十歲，工作能力還算不錯，態度也很好，但不知道為什麼，這名女職員在公司任職四年，卻從未被提拔，始終在同樣的職位，因而對小崔不太友善，心存怨懟。

　　起初小崔並不以為意，但漸漸地，這名女職員開始無事生非，常常散播莫名其妙的謠言，毀損小崔的名聲。小崔心裡明白自己升遷得快，難免樹大招風，容易引起辦公室某些人不服氣，但他也不想與他們正面迎擊，把辦公室氣氛鬧得更僵，只好一避再避，希望其他人自己看清是誰有問題，但沒想到過了三個月後，還是沒等來一句公道話。

　　心力交瘁下，小崔向公司遞出辭呈，總經理看到後並沒有試圖挽留小崔，只告訴小崔自己在職場多年來得出的經驗：逃避不是辦法，雙贏可以解決問題。小崔將辭呈收了回來，決定再給自己一次機會試試看。

　　某次，小崔刻意將這名女職員安排在一個大案子中，希望她能和大家一同完成，可這名職員很明顯表現抗拒，於是小崔主動示好，說道：「我們都是為了公司利益著想，我知道你的能力很強，卻未被公司重用，那為什麼不試著替自己爭取呢？」女職員

很聰明，聽出小崔這句話的深意，改變了原先對小崔的態度，也不再從背後中傷他。

社會上總存有競爭，人與人之間也存在著利益的不對等，有時候關鍵便在於我們抱著怎麼樣的態度處理事情，試著依照雙贏的原則與人進行溝通，相信你會得到最理想的結果。

那在溝通中，要如何運用互惠心理呢？

① 找出雙方利益的平衡點

這個利益點，就是你跟對方交流的中心，能成功打動對方的核心，當然，要攻破對方，你可能必須做出讓步，才能達成共識，所以不要一昧地堅持己見，試著退一步，尋求彼此的平衡點，且你還要有遠見，明白「妥協」和「退讓」，是為了讓自己贏得信任和下一次的合作。

② 站在對方的立場說話

有位成功的銷售員這麼說過：「當我不去追求自己想得到的東西，而是去幫助別人得到他們想要的東西時，我就能在事業上獲得更多的成功，也會在生活中獲得更多的樂趣。」確實如此，無論是從事銷售工作，還是一般的社交活動，這都是強化心理感受，獲得認同感的關鍵。

③ 學會邏輯演繹，讓對方接受「利益點」的變化

人是追求利益的動物，人與人之間的交際應酬，基本上也就是一種利

益交換的過程，且這種交換不僅是物質上的，更可以是精神上的，比如讚美、聲望等，有時候精神上的利益，更能使對方獲得心理上的報償。

　　互惠心理是一把雙面刃，你可以利用它來達到目的，別人自然也會以你為目的，但如果這個目的是雙方所需的，那它就可以變成一種良性的互動。因此，我們在溝通時，必須學會運用心理技巧來引導對方的想法，以利益為核心，層層推進，讓對方接受彼此利益的平衡點。

2-4 獵奇心理：吊足對方胃口，抓住溝通主動權

獵奇心理，也就是我們常掛在嘴邊的好奇心理。人自從出生便具備了思想，儘管早期只是一種意識，但其實這就是一種好奇的本能，好比嬰兒餓了就會用哭鬧來表達，因為他還不會說話，所以只要仔細觀察他的一舉一動，你可以發現每一個動作，都是心理直接呈現出來的探求表現。

他會記住母親乳頭的樣子，只要是形狀接近、形似的，就會直覺性地往嘴裡送。當然，這是很直觀的，但隨著時間慢慢長大，他會開始有一種想知道的欲望產生，他想學習未知的人、事、物，因而先從哭鬧（感性）開始，再到手的觸摸，然後回饋到大腦，讓未知變成可知。

這整段的過程是漫長的，大千世界有許多東西我們都不曾看過、聽過，所以好奇心絕對不會消散。那為什麼會說「獵奇」呢？其實這只是文字表述的不同，若硬要說區別，好奇是屬於本能的，而「獵奇」是刻意使它發生，是強迫意識的。

在與他人溝通的過程中，我們便可以妥善利用這一心理，將自己的思路引入對方的思維軌道之中，然後使他產生困惑，吊足他的胃口，點燃他心中的欲望。你可以先說出令人省思、出乎意料的語句，巧妙設下懸念，他就會不斷追問，然後你再提出自己的要求，順勢掌握話語權。

之前我曾遇過一個案子，當事人平常工作十分忙碌，公司又突然派一件工程要他負責策畫，搞得他有好幾天都待在公司趕工，沒辦法回家。某

天，他加班到晚上9點多，好不容易可以回家，但因為工作一天很累，心情難免有些煩躁，一進家門發現孩子還沒有上床睡覺。

兒子看到爸爸進門，便開口問道：「爸爸，我可以問你一個問題嗎？」

「什麼問題？」

「你一個小時可以賺多少錢？」

「你待在客廳等我不睡覺，就為了問我這個問題嗎？」當事人的口氣十分不好。

「我就是想知道嘛，爸爸你一小時能賺多少錢。」兒子用近乎哀求的語氣問。

「你就這麼想知道嗎？我一小時賺250元。」

「喔……」兒子低下頭，接著問：「那你可以借我100元嗎？」

這時當事人毫無耐性了，生氣地吼：「你現在就給我進去睡覺，好好想想你問這個問題的用意到底是什麼？我每天工作忙得昏天暗地，回到家可不想再耗費精力跟你開玩笑！」

兒子被轟進房間後，當事人獨自坐在沙發上冷靜，想想自己剛才的口氣十分不好，便走進兒子的房間問：「你為什麼突然要跟我借100元呢？」

兒子從書桌底下拿出一個鐵盒，鐵盒裡滿滿都是硬幣，開口說：「這些錢是我存的，但現在還差100元。」

當事人好奇地問：「這些錢要用來幹嘛？」兒子馬上回道：「我存夠錢之後，就可以買下你的時間，你就可以提早下班了！」

聽到兒子這番話，當事人心中一暖，便與兒子約定明天一定會提早回

家，全家人一起好好吃頓飯。

　　這名當事人的兒子尚年幼，自然不曉得何謂獵奇心理，但在父子對話的過程中，「問錢」就是設置懸念的開端，他先問了句「一小時可以賺多少錢」，當事人自然會覺得莫名其妙，之後的「借錢」便成功將懸念設下，因為平常小孩根本不會找他要錢，太太自然會處理好一切。

　　但當事人上了一整天的班，回到家被兒子這樣問，自然耐心全無，以致情緒管理不當，對小孩發脾氣。可是只要等他冷靜下來，反過來思索孩子講的話，這時好奇心產生了，才會走進兒子房間，想把整件事情問清楚。

　　從心理學的角度來看，所謂好奇心，指的就是人們在遇到新奇事物，或處在新外界條件下所產生的注意、操作、提問的心理傾向。我們每個人的心理一般都處於不滿足的狀態，因而會衍生好奇心，希望自己能知道或了解更多不滿足的事物，所以，假如與他人溝通的過程中，能巧妙設下「陷阱」，激起對方想了解的欲望，那你的目的可說是成功了一大半。

　　當然，說話留三分也需要一定的技巧，筆者提出幾點讓你參考。

1 故意說錯話

　　在溝通的過程中，你可以試試看故意說錯話，之後再將話鋒巧妙一轉。例如，有求於他人時，你就可以先向他表示自己的歉意：「不好意思，有些話我自己也不太好意思開口，因為我不想讓你知道我現在的處境……」以此激起對方的好奇心，等他追問之後，再假裝無奈地說出自己的情況，然後順勢提出請求，這樣對方幫助你的意願將大大提升。

② 設「陷阱」

我們依然以求助為例，相信很多時候大家都經歷過這種狀況，那就是對方根本不知道你在向他求助！所以，你要巧妙地設下「陷阱」，透過語言或行為告訴對方「我有可能出事了」，這樣他就會反過來主動問你：「出什麼事了？」、「需要幫忙嗎？」

③ 設懸念

若可以直接設下懸念，代表你在一個較好的狀態下溝通，因為對方主動問你「發生什麼事情」，你就可以順勢說：「我也不知道該怎麼說……不討論也沒關係。」、「其實也沒什麼事，你還是不要知道好了，怕影響你的心情。」以此點燃對方想知道的欲望，想幫助你的古道熱腸，迫切地想了解你的情況，甚至主動提供協助。

在溝通的過程中，若能在說話時巧妙留個三分，恰到好處地留下「懸念」，讓對方在迂迴的言論中產生「山重水複疑無路，柳暗花明又一村」的感覺，繼而激發心中無窮的興味，絕對能有效影響對方心理，一步步達成自己的目的，將魚釣上鉤！

2-5 權威心理：製造權威，讓你的話更有說服力

權威效應，又稱為權威暗示效應，是指一個人要是地位高，有威信、受人敬重，那他說的話、做的事，就容易引起別人重視，讓他們相信其正確性，即「人微言輕，人貴言重」。

權威效應源自於美國心理學家的一個實驗，某大學心理學系課堂上，系主任不小心把一位新聘請來的德語老師，介紹成一位德國著名化學家，而這位「化學家」有模有樣地拿出一個裝著蒸餾水的瓶子，對台下的學生介紹這是他新發現的化學物質，有著些微氣味，請學生聞聞看是什麼味道，若有聞到味道就將手舉起來，結果課堂上約有2/3的學生舉手。

那瓶子裡裝的真的是新化學物質嗎？當然不是，單純是無色無味的蒸餾水而已，但因為是從「權威」化學家口中說出的，所以多數學生認為液體確實有氣味。

一個人若地位高、有威望，那他所說的話和所做的事，就容易引起別人重視，也就是上文提到的「人微言輕，人貴言重」。「貴人」的「貴言」、「貴事」，往往會幫助我們在溝通中占據主導地位，有時候權威人士甚至不需要開口說話，就能給人一股說服力。

古代，有名商人在市集上賣馬，但賣了三天都沒有任何人來詢問，於是他特別去找相馬專家伯樂，說道：「我在市集上賣馬，可是都沒有人來詢問，所以想請您幫幫忙，您只要繞著我的馬看幾眼，離開時再回頭看幾

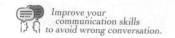
眼就好了。」伯樂欣然同意了，真的就去看了幾眼，結果伯樂一離開，那幾匹馬的價格瞬間漲了數倍。

權威人士說的話，總能得到大家的關注，所以現在很多電視廣告也都會請名人來加持，因為他們在社會上有一定的公信力，給人一種權威感，讓民眾較容易相信。現在幾乎所有的商品都會找名人代言，越大牌的明星，能為產品提升的銷量越高，那些知名人士對消費者來說，就是一種信賴感、一種見證，畢竟沒有明星會輕易砸了自己的名聲。

人們都有一種「安全心理」，認為權威人物的思想、行為和語言往往是正確的，服從他們會使自己有種安全感，增加不會出錯的「保險係數」。同時，大眾心中還有一種「認可心理」，即人們會認為權威者的要求往往和社會要求相一致，若按照權威者的要求去做，就能同等地得到各方面的認可。

大家可以回想看看，在日常生活中是不是也總會對那些機構認證或權威推薦的產品更放心呢？所以，我們與他人進行溝通時，也可以運用這一心理，透過製造權威感，使你說的話更具信賴感，讓他人容易接受，下面分享一則小故事。

溝通情境題

有位小姐到某百貨公司逛街，想替自己添購新的內在美。

銷售員：「小姐，您要購買內衣嗎？這些都可以參考，還有很多款式沒擺出來。」

顧客：「這款挺漂亮的，是什麼牌子的呢？」

銷售員：「小姐真有眼光，這是我們昨天剛進的貨，是××牌的，穿起來非常透氣，評價相當不錯。」

顧客：「我沒聽過這個牌子。」

銷售員：「是的，您可能沒聽過這個牌子，這是因為廣告不多，其實這牌子已經上市七、八年了，各大百貨都有設櫃。相信您肯定聽過黛×芬這個品牌吧，近兩年這個牌子都以黛×芬為目標，期望超越他們。」

顧客：「是這樣嗎？」

銷售員：「是的，該品牌的設計理念就是要讓每位穿上它的女性輕鬆、自在，感覺舒服外更起到支撐的作用。畢竟，產品的品質也直接關乎銷售量和信譽，把產品做好，對任何一個品牌來說是最基本的。」

顧客：「這話倒不假。」

銷售員：「您可以再看看另外這款，它還有一些不一樣的設計……」

案例中這位銷售員無疑是聰明的，當顧客提出「沒聽說過這個牌子」的疑問時，他並未直接否認客人的觀點，或給予這樣的回答：「怎麼會沒聽說過呢？我們可是全國知名品牌。」、「這個品牌推出好幾年了，在業界可是相當出名的。」

這類的解說對消費者而言是不負責任的，且這種說詞相當空洞無力，

根本不會提起消費者的興趣，但案例中的銷售員卻懂得為產品找說詞，告訴消費者該品牌未來的目標及發展趨勢，又一併將主要優勢介紹給顧客，進行一系列的分析，順利打消對方的疑慮。

我們人對於一些新事物都會心存警惕，但如果該事物獲得廣泛的認可，特別是經過權威認證的話，就會認為相對安全得多。所以，我們在與人溝通時，便可利用這一心理技巧，讓對方消除疑慮後，做任何事相對容易得多。與人溝通的過程中，我們可以具體從以下兩方面來進行權威性的暗示。

① 借助影響力較大的人或事件

如果要讓你的產品在對方心中留下較深刻的印象，你可以考慮借助那些影響力較大的人或事件來輔以說明，由此處著手，來增加對方對你的信任感和重視度。

以銷售為例，例如「某知名影星一直使用我們的產品，已和我們公司維持良好的合作關係長達5年之久。」或是「我們的商品是巴西奧運指定的產品，光那次我們就提供了近7萬箱產品，且反饋相當不錯，好多國家代表隊都有再來詢問。」

② 拿出權威機構的證明

權威機構的證明自然具有說服力，其影響力也非同一般，比如：當客戶對產品的品質或設計上存有疑慮時，銷售員就可以利用這方法來停止客戶的質疑。

「先生您好，本產品經過××協會的認證，上市前皆經過該協會連續

9個月的嚴格測試，產品品質絕對符合國家標準，您可以看一下××協會所開立的核可書。」

③ 借助權威人士的話

　　權威人士所說的話，能讓消費者心中對商品產生信心，這也是為什麼許多廠商都會重金聘請權威為他們背書，因為權威人士的一句話，往往比業務員費盡口舌的遊說更有效果。

　　但相對的，要邀請到願意替產品背書的權威相當不容易，畢竟他們也怕產品影響聲譽，可是只要順利尋求到他們的協助，那對產品來說絕對是倍數成長，他們的推薦能讓交易產生無形的推動作用，但千萬別忘了，在尋找權威時要清楚對方擅長的領域為何，不然反而鬧笑話。

　　且在運用權威進行溝通或談判時，一定要保證內容的真實性，若是稍有造假，被對方發現陳述內容與事實不吻合，將帶來反效果。

Chapter *3*

領悟意圖，
讓溝通順理成章

3-1　講故事，讓對方不言自明

　　你知道講故事是交流與溝通最有效的方式之一嗎？很多大人物都善於用講故事的方式，委婉地表達出自己內心真實的意圖或是任何不便說出口的顧慮，而故事內容一般與交談雙方並無直接關係，且大多詼諧有趣，以利於營造輕鬆、和諧的交談氣氛，用這樣的方式帶出自己的意圖或說道理，使對方更易於接受。

　　講故事，說白了就是繞圈子，你可能會認為何必那麼麻煩，直接講出自己的意圖不是更快嗎？但千萬別忘了，溝通最主要的目的，就是為了讓對方認同你的觀點、接納你的意見，而透過故事的形式，能讓你深入淺出地講明道理。且故事能使交談變得含蓄、隱晦，避免產生尷尬或傷害，讓對方在愉快的氛圍中，領略你的意圖。

　　艾森豪在擔任美國總統時，經常被記者包圍，一群人圍著他問各式各樣的問題，希望能從他口中探聽一些重要的消息，令艾森豪不勝其擾。

　　有次，艾森豪應邀出席新聞界的宴會，記者見到他一擁而上，追著他問最近是否有什麼重要的決策或規劃。艾森豪被這些記者問得實在有些煩了，但他並沒有發火，清了清喉嚨對所有人說：「我跟大家講個故事好嗎？」大家不知道艾森豪葫蘆裡賣得什麼藥，但又有誰會拒絕聽故事呢？

　　於是，艾森豪開始講述：「小時候，我到一個農場去玩，在牧場旁看見一頭乳牛，便問農場主人這乳牛是否為純種的。他說不知道。我繼續問

每周獲取的奶量是多少，他還是說不知道。我又接著問了幾個有關乳牛的問題，主人都回答不上來，最後不耐煩地說道：『我只知道這是頭老實的乳牛，只要我需要奶，牠就會產給我！』」

聽完後，全場哄堂大笑，艾森豪這時話鋒一轉，緊接著說：「我也像那頭牛一樣老實、不擅言詞，這是大家眾所周知的，但我可以跟大家保證，只要有任何新政策，我一定毫無保留地告訴各位。」全場又再次大笑，但那些死纏爛打的記者們，卻不好意思地低下頭，此後，就很少再有記者追著他要新聞了。

大多數的人從小就很喜歡聽故事，而且長大後依然如此，因為故事絕對比空洞、刻板的說教更來得有趣，寓教於樂的故事更能吸引人們的興趣與注意。所以，那些口才好的人，絕大部分都是說故事高手，他們知道如何用故事牢牢抓住聽眾的心和耳朵。

正如上文艾森豪的實例，他便借用一個生動有趣的故事，委婉地表達了自己心中的不滿，也顧全記者的自尊和顏面，既沒有讓對方下不了台，又讓對方了解自己真實的意圖，可謂一舉兩得。

且由故事引出談話內容，也是最能激發聽眾興趣的講話方式之一，倘若你也想成為一名溝通高手，那就先學會說故事吧！正如美國著名作家亞歷克斯・哈里（Alex Haley）所說的：「最好的開場白就是──『我來給你們講個故事吧。』」

當然，你必須記住一點，你做的一切都是為了表達真實意圖，所以你的故事一定要緊扣談話主題，離題太遠可能沖淡主題，從而失去講故事的意義。與人溝通、交涉時，不直接向對方講道理或回答對方的質問，巧妙地借用或編排新鮮有趣的故事，以生動具體的資料，說出一番深刻的道

理，就是借助故事法，而這種方法生動具體，往往會有事半功倍的效果。

戰國時，燕昭王去見賢人郭隗，想詢問尋求賢才的計策，郭隗說：「成帝業的國君，會把賢人當作老師來相處；成功業的國君，會把賢人當作朋友來相處；成霸業的國君，會把賢人當作臣下來相處；至於亡國的國君，會把賢人當作僕役小人來對待。大王如果真能廣徵國內有才能的人，並上門去造訪他，那只要天下人聽說大王肯屈身去見有才華的人，賢人一定會歸附燕國。

昭王問：「我應先去拜見誰才合適呢？」郭隗回道……

「我聽說古代有一個願意用千金買千里馬的君王，但尋了近三年都沒有買到馬，於是君王的近侍說：『讓我去買千里馬吧！』君王一心想尋千里馬，便派他去了，過了三個月後，近侍終於覓到了千里馬，但馬已經死了，所以他用五百兩黃金買了千里馬的馬骨帶回去，國君看到後勃然大怒，生氣地說：『我要的是活的千里馬，你帶死馬回來做什麼？而且你還花了五百兩黃金！』近侍回答：『死的千里馬都肯用五百兩黃金買下來了，更何況是活的千里馬呢？我這樣做，天下人一定會認為大王誠心要買千里馬，大王定很快就能獲得千里馬！』果然不到一年，那位君王順利求得多匹千里馬。」

郭隗繼續說道：「所以，現在大王如果想招募有才能的人，就先從我開始吧！要是連我郭隗都能得到您的重用，何況那些比我更有才能的人呢？他們的才能遠遠超過千里馬呀！」於是燕昭王為郭隗築宮室，並尊稱他為老師。而後，樂毅從魏國來了、鄒衍從齊國來了、劇辛也從趙國來了，很多有才能的人都爭相來到燕國，最後燕國也隨之強大起來。

還有一個講故事的經典事例。戰國中期，魏武侯的太子瑩當上了君王

（後稱為梁惠王），由於他接連不斷地對鄰國發動戰爭，導致沒有足夠的勞動力去耕種農地，老百姓缺少衣食，國力漸衰，因此一心爭霸諸侯的梁惠王，便設厚祿招募天下賢士，以求富國強兵之道。

有一天，孟子來到魏國，梁惠王和他議起治國之道。梁惠王說：「我治理國家費盡了心機，如果河西收成不好，我就把河西部分農民遷到河東，並把河東部分糧食運到河西，而要是河東收成不好，我也這樣做。但我看鄰國的國君，沒有像我這樣替老百姓著想，可是鄰國的百姓不曾減少，而我的百姓也沒有增多，這是為什麼呢？」

孟子沒有正面回答，反而說道：「大王，你不是喜歡打仗嗎？我就用打仗來比喻吧！戰鼓擂得咚咚響，雙方短兵相接，後來有一方被打敗了，就有人丟盔棄甲，拖著兵器向後逃跑，有的人跑了一百步便停下來，也有的人跑了五十步就站住了，而那些跑了五十步的士兵，就嘲笑跑一百步的人膽子太小，這樣對嗎？」

梁惠王說：「不對，他們一樣都是逃跑，跑五十步的人不過是沒跑到一百步罷了。」

孟子說：「大王既然懂得這一點，就不要再冀望你的老百姓比鄰國多了。」梁惠王聽了孟子的話，恍然大悟地點點頭。

孟子沒有直接回答梁惠王的提問，只是說了一個故事，以深入淺出的比喻來回答梁惠王，經由這個故事所喻證的道理找到了答案。

3-2　巧用假借，傾訴心中之言

　　無論是生活還是工作，我們難免會遇到一些不適合直接表達觀點或吐露心聲的場合，那這種時候該怎麼辦呢？最好的辦法莫過於假借他人之口，將心中的話巧妙表達出來。其實假借他人之口表達心中想法，說到底就是找藉口，倘若藉口找得巧妙，就可以避免雙方之間的尷尬，又替對方留足面子、不得罪人，可謂一舉兩得。

　　假借他人之口讚美欲溝通的對象，可以消除對方的戒心，避免他認為你別有所圖、故意為之的猜忌，更增加說話的可信度，因為一般會覺得第三者無直接利益關係，評論較公正、實在，容易取得好感與信任。

　　比如主管在嘉許下屬時，大多會認為是場面話，心中不會有太多的感觸，但如果是從第三人口中得知主管對自己的看法時，心中肯定會非常雀躍，覺得十分感動，更加努力工作，以不負主管的期許和認可。

　　而除了讚美外，你也可以透過他人之口來表示拒絕，且透過第三者表達還有兩大好處：

🔨 容易取得他人諒解，甚至博得同情，使對方不會再刻意刁難，可以全身而退。

🔨 透過第三者來表述，屬於較委婉的拒絕方式，不僅可以保全對方顏面，又不會因為當面拒絕而鬧得雙方不愉快。

所以，當你無法滿足、處理別人的需求時，與其絞盡腦汁地尋找推託之詞，不如索性將責任轉移到別人身上，行使這絕妙之策。而且你還可以透過此方法，讓對方必須反過來顧及第三人的面子，在心中產生人情壓力，無法輕易拒絕或提出無理的要求，在無形中增加溝通的成功率。

溝通情境題

小王到工商局推銷百葉窗，無意間聽到員工討論附近新蓋好的辦公大樓尚未裝修，於是他想辦法打聽到建設公司的地址，登門拜訪。但小王之前從未與這間公司交涉過，該如何和對方老闆溝通，將整棟大樓的裝修交由他們公司負責呢？

小王先向對方老闆做了簡短的自我介紹後，開門見山地說：「多虧工商局的指點，我才能找到貴寶號……」

建設公司老闆一聽，敏感地問：「你常和工商局往來嗎？」

小王聽了微微一笑，沒有承認也沒有否認，說道：「工商局由我們負責裝修，這不就是因為滿意我們公司的裝修品質，才又介紹我來這嗎？」

見老闆一臉狐疑，小王接著說：「我也曾多次聽局長談到您，說您為人仗義且樂於助人，與您相交多年，要我放心來找您，還說只要是您幫得上忙的事情，就不會推辭。」此時建設公司老闆才露出笑容，小王也順利談成一筆大案子。

故事中，小王與建設公司老闆交談的過程中，一直沒有主動提及自己，巧妙透過工商局來引薦，既表明了工商局對他的讚賞，也傳達了自己想承接新大樓裝修案的意願，態度委婉又巧妙。

而這正是說話的高明之處，這樣的說話方式，不但更具可信度，也讓對方不好拒絕，從而做成生意。假借他人之口傳達心聲雖然有很多好處，但運用這一策略時，也要注意一項原則，那就是不要加油添醋、無中生有，否則只會引起別人的反感，使結果適得其反。

尤其是對他人不利的話，若是讓對方聽出其實是你自己想表達的意思，會令對方更加厭惡你，從而造成雙方關係惡化，甚至反目成仇，因此，假借他人之口表達時，一定要注意說話的技巧和態度，避免造成誤解，使雙方不快。

且在人際交往中，「我」是經常會使用到的字詞，但「我」該如何正確使用，卻是一大學問，因為「我」字若說得太多或過分強調，會給人太自我、刻意標榜自己的印象，容易使對方築起一道防線，形成無形的障礙，嚴重影響雙方的溝通品質，因此，一個會說話的人，必須掌握「我」字的運用分際，巧妙透過別人開口。

你可能會想說，並非隨時都找得到第三人，如果沒有適合的第三人時，「我」又該怎麼做呢？

① 省略主詞

「我對公司員工進行過一次調查統計，（我）發現有四成的員工對公司不滿，（我認為）這些情緒大多來自於獎金的分配不公，（我建議）是不是可以……」

第一句用了「我」，已讓主詞十分明確，那後面幾句中的「我」不妨通通省去，既不會讓表達受到影響，還能讓語句顯得簡潔，避免不必要的重複，更讓「我」字不會太過突出。

② 平穩和緩的語調及自然的表情動作

在溝通的過程中，「我」字不要讀成重音，也不要拖長尾音，語氣、表情及目光更不要咄咄逼人，把表達重點放在客觀的描述上，不要突出這件事的「我」，使聽者覺得你高人一等，或認為你在吹噓自己。

③ 用「我們」代替「我」

以複數的第一人稱代替單數的第一人稱，可以縮短雙方的心理距離，促進彼此的情感交流。

3-3　先表認同，後抒己見

　　我們在與人交往時，總會希望能成功說服他人，讓別人聽從自己的建議、接納你的觀點，但要做到這點其實相當不容易。每個人心中都有一個獨立的自我，這種獨立意識會讓我們堅持自己的想法，堅信自己說的話才是正確的，導致在溝通的過程中可能引起爭執，且只要發生爭執，要想說服對方就會變得更加困難。

　　之所以會產生這樣的結果，是因為在溝通的過程中，沒有充分掌握說服的技巧，要想說服他人，必須具備一定的說話技巧，這樣才能在短時間內，讓他人心悅誠服地接受你的看法。那要如何才能說服別人，使對方接受你的觀點呢？

　　直接駁斥絕對是最愚蠢的作法，每個人都渴望被肯定、讚賞，若你當面駁斥對方的觀點，便會直接在對方心中造成傷害，內心產生不好的感覺，甚至對你這個人反感，這樣又要如何讓他將你的意見聽進去呢？

　　若想讓他人接受你的觀點，就要先拉近彼此的距離，營造和諧友好的談話氛圍，而要做到這點，就必須先認同對方的觀點，然後再順勢說出自己的想法，這樣才能讓對方產生聽從的意願，成功改變對方的態度，進一步軟化他。

　　且凡事必有正反兩面，但如何判斷孰是孰非，這也需要一點巧妙的技巧，此時不妨試著套話，一開始避開極需闡明的話題不談，先聊一些與主

題無關的話題，等時機成熟時，再將話鋒一轉，拋出自己內心真正的想法，就能使對方束手就範。

曾有這麼一個故事，有兩個人一起來見法官，其中一人指責另一人積欠他許多黃金不還，另一人則死不承認，並堅持說：「我第一次見到他，從未向他借過錢。」法官只好問原告：「你要他還的黃金，當時是在什麼地方給他的？」原告說：「在離城不遠的一棵樹下。」法官點點頭後說：「你再去一趟，從那棵樹上摘下兩片葉子，我要找它們當證人，加以查問，它們會告訴我真相。」

原告立即出發前去摘取樹葉，而那個大喊冤枉的被告則留在法庭上，不過法官沒有和他談話，逕自審閱別的案子，正當被告好奇地觀看法官審案時，法官卻突然回過頭問他：「他現在走到那棵樹沒有？」被告答道：「依我看，還有一段路吧！」法官嚴肅地說：「既然你說你和他第一次見面，也沒跟他去過那兒，你怎麼知道還有一段路呢？」被告這才發現自己不小心露出馬腳，只好認了自己的罪刑。

在這個案件中，法官不問被告是否知道那棵大樹的位置所在，反而故意讓原告去找樹葉，接著又審理別的案子，直到一旁的被告放下防備後，再輕描淡寫的拋出問題，誘使對方在沒有設防的情況下說出真相，抓住被告供詞間的矛盾，使被告不得不承認自己的罪行。

關於這樣的運用手法還有許多，歷史上，孟子為了讓齊王知道齊國境內不寧、百姓窮困潦倒的主要責任，也曾在國君身上採用相同的手法。

孟子上朝時對齊宣王說：「您有一位臣子，把妻兒託付給朋友照顧後就去了楚國，等他回來時，才發現妻兒受凍挨餓好長一段時間，請問大王，那朋友不顧信義到如此程度，我們該如何對待他呢？」

齊王說：「應該和他斷交！」

孟子又問：「假如管理刑罰的長官不能管理他的下屬，那該怎麼處理呢？」

齊王答得很乾脆：「罷免他的官職。」

孟子緊接著說：「假如一個國家的國政處理得不好，那該怎麼辦呢？」

齊王這才知自己上當，頓時明白孟子的用意，只能無言以對。

還有這麼一個理髮師的案例，有位理髮師每個月都會到宰相府裡幫宰相剪頭髮、修容，有一次理髮師幫宰相修容，不慎把宰相的眉毛剃掉了，內心驚恐不已，生怕宰相怪罪下來，那他可就吃不完兜著走。

此時，理髮師急中生智，連忙關掉電剪，故意兩眼直愣愣地看著宰相的肚皮，並擺出疑惑不解的樣子，宰相見他這樣，不解地問：「為什麼你不繼續修，反而看著我的肚皮呢？」理髮師趕忙解釋道：「人們常說宰相肚裡能撐船，我看大人的肚皮不大，要怎麼撐船呢？」宰相一聽，哈哈大笑說：「那句話是說宰相的度量大，對於一些小事情都能容忍，而且從不計較。」

理髮師聽到後，連忙跪在地上，聲淚俱下地說：「小的該死，剛剛替您修容時，不小心將您的眉毛剃掉了，還望您大人有大量，千萬恕罪。」宰相聽到後氣急敗壞，這樣叫他之後怎麼見人？正當宰相要發怒時，隨即又冷靜一想，自己剛講過宰相度量大這句話，現在又怎麼能為這點小事懲罰理髮師呢？宰相只好溫和地說：「無妨，去把眉筆拿來，幫我把眉毛畫上就行了。」

遇到狀況時，可以先試著轉移話題或給予認同，然後再逐層攻入事件

核心，將自己的目的表達清楚，對方就不會再有反駁的餘地，而此種溝通方式是一個推理過程，運用時要注意以下幾點。

- 🐝 不宜過早暴露話題的目標，以免對方有所心理準備。
- 🐝 話題要技巧性地隱蔽，不能「隱」得太過深入，更不能與議題相差太遠，並且隨時注意與論題的關聯性。
- 🐝 要注意整個溝通過程的邏輯性。
- 🐝 只要善用技巧，任何問題都難不倒你，溝通得以順利進行。

溝通情境題

　　王大偉在一間外商公司上班，待遇和福利都相當不錯，可是他的主管是位極為嚴格的人，所以工作並非十分順利。其實王大偉的能力算不錯，但有時過於粗心，時常沒有注意到細節，因而成為上司「關照」的對象，日子一久，心中難免累積怨氣。

　　某天，王大偉接到指示到機場接主管和客戶，但在高速公路上遇上車禍事故引起的大塞車，導致王大偉遲到近30分鐘，看到王大偉姍姍來遲，主管大為光火，直接當著外人的面數落他，王大偉越聽越生氣，怕自己控制不住情緒，於是他轉身就走，頭也不回地離開。

　　王大偉開車回到公司，直接走到總經理辦公室欲遞交辭呈，

總經理了解整件事情的原委後，微笑地說：「你的感受我能理解，換作是我，我也會因為在別人面前被羞辱而生氣，假如我是你，我可能還會做出更出格的事情來。所以我要先感謝你當下沒有與主管互罵，在客戶面前維護我們公司員工的素質及公司形象，謝謝你。」王大偉聽到總經理這麼說有些愣住，這幾句話說到他的心坎裡，不由有些懊惱於自己的衝動行事。

　　總經理接著說：「但我認為工作就是工作，即便主管對你再嚴厲，那也是出於工作需要，並沒有摻雜個人恩怨，你認為我說得對嗎？而且你知道我能坐上這個位置，心中最想感謝的人是誰嗎？就是我當年的老闆，他和你現在的主管一樣，對下屬十分嚴格，但倘若不是他嚴格要求我做到最好，我現在說不定還是一位處理庶務行政的小職員，永遠不會有現在的成就。」

　　總經理話還沒說完，王大偉就站了起來，說道：「您的意思我明白了，謝謝您。我希望能將辭呈拿回去，今後一定更努力工作。」

　　上述故事中，總經理對王大偉的勸說並非指責和批評，而是出乎意料地給予認同，甚至說出感同身受的話，讓對方心中有找到知音之感，那接下來總經理所說的話，王大偉自然不會抱有排斥或敵對的態度，心平氣和地接受老闆的勸解和建議。而總經理的目的也順利達成，試想，假如總經理當時不採取這樣的作法，反而用說服教育的方式，那肯定不會取得這樣好的效果。

　　每個人都有被尊重和肯定的需要，當你認同對方的觀點時，其實就是對他最大的尊重與肯定，只要他覺得自己獲得尊重和重視，自然樂意接受你的看法與思想，這時你只要再順勢說出自己的看法，就能省去許多不必要的口舌，取得良好的說服效果。

　　有效溝通的關鍵不在於你告訴他什麼，而是你能讓他告訴你什麼，以及在這過程中，對方心裡所產生的微妙變化。

3-4　因地制宜找話題

　　說話時還需因地制宜，所謂的因地制宜就是能將眼前的狀況，或就近發生的事情作為話題信手捻來，不刻意、不矯揉造作，就達到征服聽者的目的。很多人常表示在說話時，總會找不到合適的話題，不知道要從哪方面說起，其實造成困擾的關鍵原因在於：缺乏應變的思維能力。一個思維能力較強的人，隨時都能快速找到合適的話題。

　　初識的雙方在互相介紹姓名後，剛開始要如何交談，往往最令人頭疼，因為受到時間的限制，由不得你猶豫不決，然而話未投機，又不能冒昧地隨便提出特殊話題，所以「今天天氣很好」這類的話最常被人使用。但這句話尚且在戶外散步、運動可以使用外，若在別的場合也這麼說，難免給人敷衍、缺乏新意之感，無法引起對方的談話興趣，所以就地取材的話題，似乎較簡單且合情合理。

　　那何謂就地取材的話題呢？那就是按照當時環境所找到的話題，假設你與對方相遇的地點，是在朋友家中或喜宴上，那對方和主人的關係，就可作為話題的開端：「你和某先生大概是老同學吧？」或者「你和某先生是同事嗎？」如此一來，不管你的推論是否正確，總能引起對方的回應，要是你的推論正確，就可以依照原來的話題順勢推進，即使你猜測得不對，也能根據對方的解釋順水推舟，從對方的相關話題中聊下去。

　　此外，類似「今天來的人可真不少！」雖然老套，但也可以引起其他

的話題，例如：「這餐廳布置得很不錯」等等，通常讚美事物是最保險的開始，當然若是在一般社交活動，則可用「今年陽明山的杜鵑花開得很漂亮，不知道你有沒有去賞花呢？」或是「今天風和日麗，真是舒服！我們能在院子裡喝茶，實在是太享受了！」以上都是就地取材的話題。

開頭第一句話的最高境界，就是要人人都能了解，人人能加進自己的意見，然後再從中探出對方的興趣和嗜好，以便逐漸拓展話題。但如果你指著一件雕刻品就說：「它真像朱銘的作品。」或聽見鳥叫聲便說：「這旋律很像孟德爾頌。」除非你知道他對藝術有些許涉獵，否則這不僅無法討好對方，還可能讓人覺得你在賣弄文化素養。

假如你真的找不到話題，另一個好辦法就是詢問對方的居住地或家鄉在哪等等，只要你知道對方住哪，那話題就很容易搜尋了，你也可以隨便聊一些近期發生的社會新聞、地方風俗等等。

如果你老覺得與人交談是件很棘手的事，恐怕是因為你對「應該講什麼話」有很深的誤解，而最普遍的誤解便是：你以為只有那些最不平凡的事件，才值得拿出來與人聊聊，給自己過多的壓力。

當你與人碰面時，你可能會在腦中苦苦搜索，想要找一些特別的奇聞、感動人心的事蹟、令人膽顫心驚的經驗，或是使人感到興奮刺激的事情來打開話匣子。沒錯，這一類的事情是一般人會感興趣的話題，要是能在閒談之際，說出這樣吸引人的事件，無論是對聽的人還是講的人來說，都是一種滿足。

然而，這一類的話題並不多見，例如轟動社會的新聞，不用等到你講，相信別人早就已經聽過了，即使是你親身經歷的特殊事件，也不可能一講再講，而且有些事情對某些人來說並不合適，因此，如果你認為只有

那些最不平凡的事情值得談論，那你一定常有無話可談的感受。

其實，人們除了愛聽一些奇聞軼事外，也很願意和朋友談論與日常生活有關的話題，所以當你腦中還沒有準備好話題時，不必刻意保持緘默，只需想想日常生活發生什麼事情，要找到讓大家都感興趣的話題就不再那麼難了。

此外，有些人可能會產生一種誤解，總以為必須談些深奧、有學問的話題，才能受人尊敬，因而常常想跟別人談論類似的哲學理論或社會議題，但這些話題的內容，即便你準備得很充分，也不見得能找到和你有同樣興趣的人，因此在多數場合上，總覺得無話可說、知音難尋。

因地制宜找話題，還有一個最大的好處，那就是能喚醒聽眾的熱情。大多數的人對於近期發生的事情往往都很有共鳴，如果你能巧借時事作為話題，聽者也較容易理解，同時展現出自己較強的邏輯思維能力。當然，就地取材說話有幾點需要注意。

① 選擇切合中心的話題

每一次說話應該有一個既定的中心，也就是你透過這次說話，想要表達什麼樣的主旨？在選擇相關話題時，要注意切合中心，否則你只是將最近發生的事情亂說一通，聽眾也不明白你到底想說什麼。

② 選擇代表性的話題

你所選擇的熱點或眼前發生的事情要具有代表性，不能把東家丟了一隻貓，西家遭小偷這樣瑣碎的事情搬到檯面上說，你要選擇更具有代表性和說服力的議題談論，否則只會貽笑大方。

　　當然，如果你實在沒有合適的話題，不妨從最近發生的事情或者熱點問題說起，但切記必須與話題相關，千萬不能逮到什麼說什麼，也不能一味地求新求異，選擇一些自己都不太懂的話題，更不能冒充內行，亂說一通，否則要麼自圓其說，化解尷尬，要麼漏洞百出，貽笑大方。

　　其實，話題真的不難找，任何話題都能成為很好的聊天素材，你每日所見的各種人事物，都能作為談話的題材和資料，甚至是每件事、每句話，均能提供你對於某些人事物的看法，或影響你對人生的觀點與態度，所以當你在接收訊息的時候，不能毫無主見地吸收，要再加入一些自己的想法和態度，綜合思考，如此一來，你便會發現話題自然而然就變多了。

Chapter 4

順暢溝通的五大基本原則

4-1 溝通前先營造良好的氛圍

　　在日常生活中，我們經常談到溝通一詞，簡單來說，溝通指的就是人與人之間、人與群體之間思想與感情傳遞、回饋的過程，以求思想一致。我們都知道，溝通一定要是雙向的，經由雙方一來一往的討論，才能稱得上真正成功的交流，因此，我們在與人談話時，要想獲得良好的溝通效果，就要營造出好的溝通氛圍。

　　然而，在與人溝通的過程中，總有些人不領情，無論我們怎麼鼓勵，他們都羞於表達，甚至呈現面無表情的狀態，在他們的字典裡，似乎就只有「是」、「不是」或「行」、「不行」兩種選擇，讓人無法和他們攀談，互動充斥著尷尬。

　　其實會導致這樣的情況發生，是因為我們沒有營造出好的氛圍，只要我們懂得運用心理技巧，就能在無形中，替對方增添幾分說話的自信心，找到打開話匣子的鑰匙。

① 擺脫陌生人情結

　　假如是第一次見面，且對方不太愛說話，你不需要特意裝模作樣，但還是要表現出你的誠意。每個人在跟陌生人交談時，內心難免會有些不安，所以我們自己一定要先放下陌生人情結，這樣交談時才會顯得隨意輕鬆。談話時也要隨時關注對方的回應，倘若他不感興趣，就得打住話題。

② 主動拉近關係

1984年5月，美國總統雷根曾到中國復旦大學拜訪。他來到大禮堂準備進行演講，裡面坐了百來位學生，才剛站上演講台，他便覺得現場氣氛有點嚴肅，於是他向台下的同學們開了個玩笑：「同學們，其實我們有著很密切的關係呢！我的夫人和你們校長，同是美國史密斯學院的校友，所以我跟各位自然也都是朋友了！」語畢，講堂響起熱烈的掌聲，雷根成功拉近彼此的心理距離，使接下來的談話更為輕鬆、融洽。

我們與人溝通前，不妨也學學雷根這種套關係的方式，拉近彼此的關係，這樣交流起來會順利得多，你套的「關係」，可以是朋友、同學，也可以是共同參加過某個會議或去過某個地方，只要是能拉近與對方關係的內容都可以，但注意不能提及敏感議題，或對方不感興趣的話題。

③ 重視對方說的每句話

說話妄自尊大、小看別人的人，總會引起別人的反感，使自己走到孤立無援的地步。與人溝通，無非是要交流意見、達成共識，所以只有重視對方說的每句話，才能同等地贏得尊重。

④ 懂得傾聽，並適時回饋

在溝通時，並非完全都是在「說」，每個人都有說的權利，也會希望被傾聽，這是一種自我價值的認定，所以在溝通過程中的回饋，傾聽便是最好的回饋法，加以滿足對方說的欲望，才會讓人願意與你親近。

有些人十分善於與他人交談，即使對方是初次見面或不擅言辭的人，

他們也都能聊得十分愉快與熱絡，這是因為他們對於身邊的事物，即使是連談話對象的服裝都會仔細觀察，所以遇到不知該說什麼的時候，他們也會立刻說「你的領帶很特別！」或是「這髮型真適合你。」之類的話，如此一來，就可以免除無話可說的尷尬場面。

由於是第一次見面，雙方往往會因為談話主題結束或話不投機，導致雙方的談話突然中斷，此時你可以利用身邊的事物作為話題，例如「你的手機是最近上市的那款嗎？我也考慮換這款型號，能問問你的使用心得嗎？」等等，類似這種較為輕鬆的話題，通常能激起對方的談話興致，那你們的話題自然就能展開了。

只要多留心、多觀察，你會發現身邊的一草一木都能成為話題，且這類話題不僅輕鬆，還能拉近你與對方的距離，增進親切感。如果我們想和初次見面的人迅速打好關係，找出愉快的話題便相當重要，沒有人喜歡苦悶、古板的人，也沒有人想聽你訴說負面的辛酸史，要是你時常說「這個世界真令人失望」或「我經歷過非常多令人難忘的事情」，你就要注意了，因為悲觀的人通常無法獲得良好的人際關係。

此外，在氛圍的營造上，你也要注意別說一些阿諛奉承的話，舉例來說，拿破崙就非常厭惡虛偽奉承的人，某次聚會上，賓客大多是諂媚逢迎的人，一見到拿破崙就堆滿笑臉，開口盡是些恭維的話，拿破崙聽得十分不舒服。

這時有位賓客走向拿破崙敬酒，說道：「將軍您最討厭逢迎巴結的人，出席這場聚會一定很不舒服吧！」拿破崙聽到對方這麼說，眼神閃過一絲驚訝，然後對這位賓客微笑，又無奈地搖頭以示回應。

阿諛諂媚的話，乍聽下來或許讓人感到飄飄然，但卻是華而不實的，

因為這些大都不是發自內心的話，好比你穿了件過時的西裝，你自己也不大喜歡，但基於某些原因必須穿上它，結果別人卻對你說這件西裝真好看，相信你聽到後，心裡一定很不是滋味。

　　總之，與人溝通的過程中，多與對方說話並說對話，是營造溝通氛圍的重要方式，並不會讓我們喪失交流的機會，反而有助於你達到溝通目的。

4-2 尊重是人際溝通的基礎

相信大家一定都有遇過一種人，那就是善於言談，但說話卻不是那麼好聽的人，給人一種彆扭的感覺，避之而唯恐不及，深究其原因，就在於這類人在說話時，缺乏對他人的尊重。尊重別人其實就是在尊重自己，無論我們在社會上扮演什麼角色、有著什麼身分，尊重始終是支撐著人際關係的首要原則。

一位說話懂得尊重他人的人，不管走到哪裡都會受到歡迎，但一個出言不遜的人，不管怎樣都得不到別人的喜歡。因此，在與他人交流時，我們若能以尊重為前提進行溝通，絕對較易於贏得他人的認同，促使溝通目的順利達成。

筆者曾聽過一則笑話，有名士兵至他國進行訪查，眼看太陽就要下山了，還找不到一間可以落腳的旅店，這時他見前方有位老農，便喜出望外地喊：「喂，老頭兒！這裡離旅店還有多遠呀？」

老人回答：「五里！」士兵聽到後策馬奔了十多里，卻仍不見客棧，他嘴裡反覆叨念著：「不是五里嗎？五里、五里……」他猛然發覺「五里」其實是在說「無禮」，於是他急忙調頭回去找那位老人，這次態度完全不同：「老大爺……」話還沒說完，老人就說：「你錯過那條路了，若不嫌棄，可以到我家住一晚。」

語言可謂包裝我們思維的華麗衣裳，它可以直接表現出一個人的態度

是高雅還是粗俗。同時，語言也是我們與他人的一種心靈交流，要想使彼此之間的溝通暢通無阻，那你最起碼要在語句中表現出對他人的尊重，這樣對方才會感到「良言一句」的溫暖，讓彼此的感情迅速融洽起來。

　　禮貌，在人與人交往的過程中十分重要，尤其是雙方的談話中，更有不可忽視的作用，諸如「你好」、「請」、「謝謝」、「對不起」等等，能營造一種祥和的氣氛，並拉近雙方談話的距離。像很多剛步入社會的新鮮人，他們之所以無法建立好良好人際關係的主要原因，便是因為疏忽了應對進退該有的禮貌。

溝通情境題

　　張教授是一位知名大學的教授，某天，別間大學的學生前來找他，因為學校規定畢業論文要找一位校外教授或權威來指導，所以他特別來請求張教授當他校外的論文指導教授。

　　這位同學剛進教授的個人辦公室，看見有好幾位教授聚在一起商討事情，因為從沒見過張教授，不知道哪位教授才是他要找的人，劈頭就問：「誰是張教授呀？」張教授一聽是要找他的，但這個學生十分沒禮貌，臉色稍稍一變，其他教授面面相覷，沒多說什麼。

　　張教授壓住心中的不悅，說：「我就是，找我有什麼事嗎？」那位同學確認哪位是張教授後，大咧咧地說道：「噢，就是您啊。您的大名我老早就聽說了，我是××大學的學生，想請

您幫我看一下論文。」張教授到底是位有文化涵養的人，雖然這位同學沒有禮貌，但仍回應他：「你就放那裡吧！」

　　這名同學把論文往教授桌上一扔，然後說：「那您快點看呀，後天我就要進行論文答辯，希望別耽誤到時程阿！」聽到這句，張教授再也忍受不了，一股怒火升上來，對他說：「請問是誰有求於誰呢？把你的論文拿走，我沒時間幫你看。」

　　無論是求人辦事還是普通對談，我們都要表現出最起碼的尊重，如果同學說話能禮貌一點，張教授定不會為難他，欣然給予幫助。為此，在溝通中需注意以下幾點。

① 表情自然，語氣親切

　　與人對談溝通時，你的態度要輕鬆自然，言辭表達上也要得體，有時不妨用手勢、動作來加以輔助，但動作不宜過大，更不能手舞足蹈、口沫橫飛。

　　如果你想表現出親切感，可以在與對方談話時，稍稍靠近對方一些，但千萬不能拉拉扯扯或態度輕佻地笑。

② 語言中表達敬意

　　用語言把對對方的敬意直接表達出來，這一點非常重要，表達敬意就是把自己在對方身上看到的長處和優點告訴對方，比如你透過同事的幫助，工作才得以順利完成，你可以對同事說：「謝謝您的幫助！」對方聽

到你的感謝，心裡自然會很高興。

③ 給對方發表意見的機會

在雙方交談的過程中，你不能自顧自地講個沒完，千萬要記得讓對方發表意見，仔細傾聽對方的看法，並適時給予反饋。一般來說，雙方交談時，不應提及與話題無關的事情，更不應在對方說話時左顧右盼、心不在焉，倘若你提出問題，但對方不願正面回應你所提出的問題時，也別一再追問，最好立即轉移話題。

④ 態度自謙，不吝嗇說「對不起」

假設你與朋友或客戶約定了見面的時間，但你稍稍遲了幾分鐘才抵達，你可以說：「對不起，讓您久等了。」或是你們兩人正在談話，手機突然響了，你可以說：「抱歉，請您稍候一下。」

適時對他人說「對不起」，有時反而是一種自謙的表現，讓對方感覺占上風，如此一來他又有什麼好要求的呢？

總之，沒有平等和尊重，任何的溝通和交流都不會有實質意義，謙虛、平和體現的是生命之間的尊重，是與人為善、心平氣和、虛懷若谷的姿態，只有尊重別人的人才能獲得同等的尊重，倘若你總以高高在上、盛氣凌人的態度待人，等於直接把交流的大門關上。

4-3 高效溝通從傾聽開始

　　生活中，我們總強調口才與語言在溝通中的重要性，但若要達到雙方良好的溝通效果，一直滔滔不絕地表明自身觀點和立場是絕對不夠的。真正的溝通是雙向的，除了表達外，還要懂得傾聽，從心理學的角度看，人與人之間的語言交流，倘若僅流於表面是毫無意義的，每個人都有傾訴的心理需求，假如我們能滿足對方這一需求，溝通前多傾聽，那等於掌握了整個溝通局面，且傾聽還能體現出我們的涵養，也向對方表示我們想溝通的誠意。

　　在社交場所，經常能看到有些人高談闊論，講得眉飛色舞、手舞足蹈，只在乎自己的主觀需求，只在意自己說什麼，從不考慮他人是否感興趣、能否接受，即便聽眾態度不耐煩，仍沉浸在自己的世界中，滔滔不絕地說自個兒想表達的事情。

溝通情境題

　　主管指派張婷去拜訪一名客戶，據其他銷售員的說法，這個客戶非常難搞，有好幾位銷售員去拜訪，都被客戶轟了出來，所以張婷這次前往，心中也沒有抱持著太大的希望。

她禮貌地敲了敲客戶辦公室的門，沒多久門打開了，迎來的是客戶熱情的笑容，替張婷端茶倒水、噓寒問暖，對方如此好客，反倒讓張婷感覺不自在，但畢竟客戶也是出於好意，所以心中仍十分感動。

　　正當張婷準備介紹產品時，客戶搶先一步開口，聊自己的家庭生活，說著妻子賢慧、孩子有多懂事，講得眉飛色舞、好不得意，張婷就這樣靜靜聽著，偶爾微笑點頭，表示認可和肯定。

　　家庭聊完了，對方繼續分享自個兒的事業，說著自己這些年來如何將公司做到現在的規模，經歷多少艱難和困苦，才順利把公司撐起來，說到難過處還稍稍哽咽，張婷也識相地說了幾句安慰、鼓勵的話。

　　就這樣一、二個小時過去了，客戶還是不停地說，張婷也在旁靜靜地聽，偶爾插話，問幾個簡單的問題，對方終於說完後才問張婷：「你們公司這次過來是有什麼事情嗎？」張婷這才把產品簡介拿出來，準備向客戶介紹，但沒想到對方只看了一眼就下單了。

　　從上述故事中，可以了解到，客戶有時需要的其實是你認真地傾聽，而非多說、多介紹什麼。每個人的成長環境都不一樣，誰沒有故事呢？奮鬥路上可能遭遇許多磨難，總希望能說出口、傾訴出來，過程中獲得的成功喜悅，也希望能與人分享；任何人都有想表達的欲望，只要你滿足了對方這種心理，便能在無形中獲取他對你的好感，握有優勢。

相信很多人都認為自己很會傾聽，就好比大家都會覺得自己很會說話一樣，可根據調查，絕大多數人其實都不太會傾聽。交流的成效與否，取決於聽者而非說者，因此失敗的交流，也往往源自於聽者的疏忽。

你認為自己真的明白傾聽的藝術嗎？你是否經常中途打斷對方說話，又自以為是、老愛反駁呢？積極傾聽可以讓說話的節奏緩和下來，為迸發思想火花營造新的空間，從心理學的角度來說，說話前只要你用謙和的態度，並懂得傾聽，再以話語誘導對方，讓他產生一種被尊重的感覺和優越感，就能成功攻克對方的心理防線。

那與他人交流時，該如何正確傾聽呢？

① 不要試圖打斷對方的談話

有時候，與人交流難免有意見不合的時候，你可能很想打斷、糾正他，但千萬不要這麼做，因為當下他不僅聽不進去，還可能對你感到厭煩，因此你只要耐心聽他說就好，鼓勵對方多表達，等他說完後，再換你表達自己的意見，這樣對方就會有被尊重的感覺，同等地回應你。

② 表示理解，以示鼓勵

任何人在談話的時候，都希望自己的意見和觀點獲得認同、理解，因此，如果在對方說話時，你能表示出理解的話，那他會很願意繼續和你交流下去。對此，你可以在傾聽後適當地加些簡短的詞彙，比如「對的」、「是這樣」、「你說得對」等，也可以點頭微笑表示理解，偶爾與對方進行眼神交流，切不可心不在焉。

③　適時作出回饋

　　沒有回饋的傾聽是無效的，在傾聽一段時間後，給對方一些反饋，是激勵對方談話相當有效的方法。好比說，如果有些問題沒有聽清楚，你可以問：「你剛才的意思或理解是……」回饋一定要準確，不準確的回饋則不利於談話，反倒弄巧成拙。

　　傾訴是一種排毒，但傾聽才是溝通的開始。溝通是雙向的，我們不能單純地向別人灌輸自己的思想，還要學會積極的傾聽。在現代社交中，傾聽的作用尤為重要，是人們建立和保持關係最基本的溝通技巧，也是一種心理策略，英國管理學家L‧威爾德說：「人際溝通始於聆聽，終於回答。」沒有積極的傾聽，就沒有有效的溝通。

4-4　找對話題，讓溝通事半功倍

　　在與他人交流的過程中，我們若想獲得良好的溝通效果，就必須主動出擊，先接近對方，讓對方產生好感。而前文已有討論過，只要根據特定的情境挖掘、就地取材，運用地恰到好處，能用來拉近關係的話題可謂俯拾皆是。

　　有些人會認為，只有一些不平凡、簡單的事情，才能提出來討論，因而在與朋友見面時，滿腦子都在思索要講些什麼，企圖找到一些怪誕、驚奇的事情，或刺激的新聞作為話題。但我們一般人的生活都是樸實的，這類話題畢竟是少數，而且一直和別人談新聞，對方勢必也會感到厭煩。

　　所以筆者才會建議在選擇話題時，能夠就地取材，依照當時所處的環境選擇話題，比如你和朋友在餐廳遇到，不妨主動問問：「你也來這間餐廳用餐呀！我看這間餐廳的評價不錯，特意來吃吃看。」這樣無論問得對或不對，都不會造成雙方的不快。

　　除此之外，你也可以根據對方的工作屬性來開話題，假如他是房仲，你便可以問他：「最近我看新聞說房市漸漸回溫，你們應該很有感吧？」因為是對方熟悉的話題，所以較容易促使他開口回答，這樣你就可以再順著這個話題聊下去。

　　筆者曾聽過一個笑話是這麼說的……某個人以伶牙俐齒見長，於是便有人向他請教說話的訣竅，他說：「其實非常簡單，就看他是什麼人，對

什麼東西感興趣，只要談論他感興趣的東西就可以了。假如他是屠夫，那你就和他聊豬肉；如果他是廚師，那你就和他談美食。」請教者聽得似懂非懂，又問：「那如果屠夫和廚師兩人一同在場，該怎麼談？」他回：「那就跟他們談紅燒肉。」

當然，這只是個笑話，但足以看出合適的話題對溝通有多重要，總之，只要我們有好的話題，就不愁談不下去，也不用擔心要面臨無話可說的尷尬局面。那在溝通的過程中，該如何選擇良好的話題呢？

① 用興趣打開溝通的突破口

與人溝通的時候，常會出現一些突發狀況或棘手的問題，不管我們說什麼，對方都表現出一副不在乎的樣子，其實是因為你說的話他不感興趣，要想讓對方打開話匣子，就要從興趣下手，提高他想講的意願。

可以的話，盡量找出對方感興趣的事，從這個方向切入、接近他，倘若沒有機會，或這種機會不易得到，也應盡可能地朝對方的興趣去聊，我們最主要的目的，便是要吸引對方的注意，讓話題繼續下去。

曾有位藝文雜誌的編輯講過這麼一個故事，他邀請一位名作家寫稿，但該作家非常難配合，之前合作過的編輯都很怕再與他合作，導致現在這位編輯十分緊張。

果不其然，不管怎麼討論，都無法和作家達成共識，作家總一昧地回答：「是嗎？」、「或許吧？」、「這我還真不清楚？」搞得編輯很是頭疼，決定休息一下再討論正事，他轉而跟作家閒聊，把幾天前在一本雜誌上看到有關作家的報導提出來，說道：「聽說您的大作最近要出外文版，正式在美國發行？」作家見編輯如此關注自己，開心地點點頭。編輯又

說：「但您的寫作風格能用英語完整呈現出來嗎？」作家無奈地回：「就是這點令我擔心呀！」

這位編輯與這位「難對付」的作家交手，開始轉變聊天的策略，抓住對方心理，從對方可能感興趣的點切入，打開交談的突破口，使交流能繼續下去。

② 用熱情帶動溝通氣氛

如果你選擇的話題跟你過往的經歷或愛好有關，那要打動對方其實不難，因為缺少熱情的談話和聊天無疑是枯燥乏味的，也沒有人願意迎合。

對方希望聽到的不是輕描淡寫，而是當下真實的感受，若能將當時的情況描述得越詳細、精彩，就越能吸引聽眾。所以，在聊某些話題時，你的話語中帶有多少熱情，就能激起聽眾多少的興致。

③ 不要輕易否定別人

如果你在與別人溝通時，出現了與對方相左的觀點，特別是說服對方接受你的觀點時，千萬不要立即否定對方，說他的觀點是錯誤、荒謬的，這樣你絕不會獲得你想要的結果。反之，如果你能機智、委婉地說出你的觀點，然後將對方引導到其他話題上，從而讓他們忘記自己原來的觀點，便能將話題繼續下去。

比如，對方在你面前指責你非常要好的朋友：「他這個人脾氣太差了，上次我們一起去談某項業務，大夥兒談沒幾句話，他就和對方負責人在餐廳吵了起來。」這時你可以問他：「哦，是嗎？在哪家餐廳？」試著將話題帶開，也讓對方的不滿可以緩和下來。

避開別人的痛處

　　每個人都有忌諱的點，我們也十分討厭別人觸犯自己的地雷，所以在溝通時也請將心比心，適時避開這類話題，把握分寸，不要傷害到別人的自尊心。

　　掌握以上溝通技巧，我們就能把話說到對方心裡，在他的心中產生作用，只要對方愉快的情緒被牽引出來，也就願意與我們親近，那溝通自然成了。

4-5　察言觀色，了解對方想聽什麼

　　說話不是一件容易的事情，尤其是在與人溝通的過程中，有些人常常會陷入和對方「話不投機半句多」的境地，但也有些人懂得察言觀色、投其所好，總能讓對方喜笑顏開，這種就是懂得運用心理技巧溝通的人。

　　說話之難，就難在你欲溝通的對象，可能猶如變色龍般捉摸不定，隨時都在轉換保護色，所以人與人在溝通時，投其所好尤為重要，要想和他人順利交往，首先就要學會針對對方感興趣的點說話，用動聽的語言軟化他，消除他的戒心。

　　一般來說，當人們的意見、觀點一致時，彼此會相互肯定、信任，反之則會彼此否定，產生防備心理，所以擅於溝通的人，會在溝通前仔細揣摩對方的喜好，然後盡量迎合，滿足他的欲望。

　　且事實也證明，沒有人會對自己不感興趣的話題投入過多的熱情，但只要遇到感興趣的話題，就會情緒激昂地想參與進來，因此在與他人溝通時，你可以抓住對方這種心理，深刻了解對方，並與其和諧相處，從而實現交流。

　　在與他人談話之前，先了解對方可能感興趣的話題是什麼，即使每個人感興趣的話題都不同，可只要我們在日常生活中，保持著敏銳的觀察力，就能蒐集到豐富的談話題材，與不同階層的人交談。

　　還記得在某次聚會上，筆者聽到有人提起年輕人喜歡的嘻哈團體頑

童，和現場其他友人討論頑童演唱會的消息，結果有一位朋友打趣地說：「你都是坐五望六的人了，怎麼還會對年輕歌手這麼感興趣呢？」那人急忙回答：「別取笑我了，那是我兒子的偶像。前幾天我聽他提起時，不過隨口問了句這是新團體嗎？我兒子竟然說我落伍了！所以我才想說跟你們聊聊現在流行些什麼，不然真的要跟社會脫節了。」

「流行」是最普遍的話題，也是現代人的生活指標，比方當紅的明星、創新的服務、超夯的流行語等，均有可能是熱門的聊天話題，如果想和孩子們親近、聊天，一定得知道時下最受歡迎的歌星與歌曲是什麼。

同樣的，在辦公室或私人聚會上，新穎的流行趨勢也可能是吸引人的話題，不過有些人對新奇的事物，容易因為感覺不熟悉而產生排斥感，所以培養不設限的開放心態，也是擴增生活話題的條件之一。

我們人常會因「先入為主」的觀念，進而對自己不熟悉或看不慣的事情產生反感，比如父母對於兒女經常出入夜店或酒吧多會批評或責罵，認為那些是不良的休閒娛樂場所，甚至強力禁止小孩涉入其中。有些長輩對於現今社會的生活方式，如網路交友、線上遊戲……等也多少頗有微詞或抱怨，但這種「拒絕接受」的心態，往往會妨礙人們吸收新知識，導致視野漸漸狹隘。

所以，若我們能培養開放的觀念，將有助於我們與他人暢快地交談，但開放的觀念並不代表你要拋棄自己原先的價值觀，全盤接受所有資訊；具備開放的觀念，是希望你不要墨守成規，一昧地排斥接收新資訊，並以開放的心態接觸更多事情，藉以增加經驗，充實談話內容。

此外，多蒐集一些有趣的話題及對方的個人情報，也有助於談話的順利進行，所謂「知己知彼」，如果我們能對溝通者有所了解，便能充分掌

握對方感興趣的話題，維持談話過程中熱絡的氣氛，即使是與初識的人交談，也可以試著從對方的自我介紹中，獲得相關的交談資訊。

好比說：「各位朋友大家好。很高興能進入這個大家庭與各位一同奮鬥，我剛從高雄上來台北，對周遭環境不是很熟悉，未來還請各位多多指教。」從這段自我介紹中，你可以得到哪些資訊作為交流的話題呢？

🦴 **我剛從高雄上來台北：**這句話讓你知道對方熟悉的地方在哪裡，所以你可以將「高雄」作為話題的開端，和他聊聊最近高雄的議題，例如登革熱。

🦴 **對附近的環境不熟悉：**你可以用「介紹新環境」為話題，帶他四處看看，拉近彼此距離。

選擇「與對方相關」或「對方想了解的事物」作為話題，也是使話題繼續延續下去的最佳方法。因此，要想在日常溝通中取得對方的認同，並獲得良好的溝通效果，就要先徹底了解對方，知己知彼，真正做到迎合對方，投其所好。

溝通情境題

陳美美是一名銷售員，最近要寫一份市場報告，但很多數據資料都無法透過調查、採樣得到，正為此事困擾的她，不經意地打聽到有間公司的董事長手上有她需要的數據，於是陳美美隨即

前往拜訪。

　　該董事長的秘書直接跟陳美美表明董事長絕對不會把這些機密資料交給她這個陌生銷售員，便將美美擋在辦公室門外，婉拒了她的拜訪。

　　隨後秘書走進辦公室，不料門沒有確實帶上，美美不小心聽到秘書向董事長回報：「今天沒有發現新款的郵票。」打聽之下，原來董事長在為兒子收集郵票。

　　過幾天，美美又前來拜訪，這次秘書拗不過美美堅持要見董事長的決心，便放行讓她進去。走進辦公室後，美美並沒有提及資料的事，反而先從董事長的兒子切入，說道：「照片上的人是您的兒子吧，我的孩子也差不多這麼大，很調皮，不過卻有個收集郵票的靜態愛好。」

　　聽到這話，董事長對美美產生一絲興趣，回：「是嗎？現在的孩子真的不好伺候，除了要給他充足的物質生活外，還要時刻關注著他，稍不留神就給你闖禍，在學校也不認真上課，只知道跟同學聊天玩樂，越來越不好管教了。」

　　「是啊，我昨天還被老師請到學校『聊天』。」美美點頭回答道。

　　「對了，你說你的兒子喜歡收集郵票，他都是自己收集嗎？」

　　「是的。」

　　「那你比我好命多了，我兒子也喜歡集郵，每天都叮囑秘書幫他留意郵票呢！那你能把集郵冊借我看看，交流一下嗎？」

「當然可以，我還可以送您一些！」

「真是謝謝！我兒子他一定很開心。」董事長連連感謝道。

美美一直在和董事長聊郵票的事，臨走前，秘書才稍微跟董事長提了一下資料的事，沒想到董事長便爽快地同意了，請秘書把資料、報告、信件全部提供給美美參考。

我們可以看出美美是個懂得投其所好說話的人，她之所以能拿到自己需要的資料，便是因為她從對方最關心的問題開始談起，激起董事長的談話欲之後就改變談話方式，把談話主動權交給對方，自己則轉為傾聽者的角色，並在傾聽的過程中，根據對方的談話內容適時地表示認同、給予意見，從而引發兩人之間的共鳴。

從這個故事中，我們可以了解到說對方想聽的話之重要性，卡內基也曾說過，如果想要和他人順利溝通，並成功獲得他人的好感和認同，最好的方法就是和對方談論他感興趣的話題，確實如此。

一句話說的好不好是有技巧的，但這並不是要我們巧舌如簧，而是要懂得把話說到對方心坎裡、投其所好，對方高興了，自然願意聽你的意見。所以，溝通前你可以試著猜想，揣測一下對方心理，而所謂的猜對方心理，無外乎兩個原則……

① 飾其所矜

那些他認為驕傲、值得誇讚的地方，一定要渲染一下，提高他的聽話興趣。

② 減其所恥

對方自認不足的、過去所做過的虧心事等，你要稍加為其辯解，從而使其放心；站在他人的立場上分析問題，能給人一種為他著想的感覺，這種投其所好的技巧，具有極強的說服力，要做到這一點，「知己知彼」十分重要，惟先知彼，方能從對方立場上考慮問題。

此外，在交流過程中，你也要學會透過對方的手勢、姿勢、表情以及當時的反應，去分析對方的感情變化，體會對方的話語意義，了解對方說話時的感受，往往要比他語句的本身更重要。

Chapter **5**

聽，是順利溝通的前提

5-1　做位忠實的觀眾

　　古人云：「聽君一席話，勝讀十年書。」在現代交際中，傾聽尤為重要，可謂人們建立、保持關係一項最基本的溝通技巧，也是一種心理策略。然而現代社會中，大多數的人總只顧自己說話，不在意別人說，只喜歡談論自己的事情，沒有耐心聽別人分享他們的事，或是在沒有完全「聽懂」的狀況下，就對別人盲目地下判斷，使對方認為你難以溝通，形成交流障礙和困難。

　　一位具備良好談吐的人，除了善於表達外，「聆聽」也同樣重要，因為我們並不是為了想說話而一直說話，而是希望別人聆聽自己的想法或意見才說話；因此，學習當一名好聽眾，留心傾聽別人說話，也是達成有效溝通的一個重點。

　　台積電董事長張忠謀在「人生的成功之道」演講中，曾回憶其年輕時的體悟，他說「傾聽」實在太重要了，而且「聽」往往比「說」還重要，要「懂得聽，且聽得懂」。

　　一個能靜靜傾聽別人意見的人，必定是一個富於思想、具有縝密見地、個性謙虛的人。這種人在人群中，一開始也許不大受人注意，但最後肯定是最受人敬重的一位，因為他的謙虛使他受人歡迎，因為他的善於思考，使他受人尊敬。

　　那要如何才能做一個好聽眾呢？第一是「誠懇」，在傾聽時全神貫注

的態度，比發表自己的意見更為重要，當別人和你說話的時候，無論對方是何種身分與地位，你的眼睛都要注視著對方，只有缺乏勇氣和態度傲慢的人，才不會正視別人；其次，別人對著你說話時，你不可以同時做著其他事情，這是相當不禮貌的。

聆聽別人說話時，偶爾回應一兩句是很好的，而在你不完全明白對方的語意時，不妨適時地提出疑問，這樣的動作展現出你十分關注對方所說的話，不過你千萬不可就此把發言權搶走，自己滔滔不決地講得很起勁，除非對方已說到一個段落；此外，無論對方說了什麼，都不宜隨便糾正他的錯誤，要是因此引起對方的反感，那你就不能成為一名好聽眾。

有些人喜歡打斷他人的談話，自顧自地發表言論，即使對方已經表現出不耐煩的樣子，他仍面不改色地繼續說下去，即使是一名超級業務員，也不會一直滔滔不絕地介紹產品，完全不給顧客思考的時間，因為這種自以為是的說話方式，會使對方拒絕和你交談，變成你個人的脫口秀。

有很多人以為，所謂「善談者」就是一個很會說話、善於巧妙駕馭言詞的人，但事實上，口齒伶俐、甚至是巧言令色的業務員，並非就是一名成功的超級業務，那些工作績效好的業務員，往往都是能專注地聆聽顧客說話、了解客戶需求及關注點，並適時回饋重要資訊的人；因此，善聽者才是善言者。

我們一定都有過相同的經驗，那就是有些人喜歡重複說些早已講過好多次的事情，或將同一個笑話反覆說上好幾遍，此時，扮演聽眾的你，就要練就一身忍耐的美德，不能直接跟對方說：「你已經說過好多遍了！」這樣會讓人下不了台，你要做的事便是耐心聽下去，因為對方之所以願意與你說話，肯定是對你充滿好感和誠意，所以你也應該以同樣的誠意來接

受他的善意。

　　倘若說話者的話題既冗長又乏味，你把時間和精力都拿來關注他，這樣也不太好，此時你應該巧妙地讓他停止談話，注意不要傷及對方自尊，設法引導對方談論別的話題，而且最好是對方有興趣又專精，也是你喜歡的話題。

　　話說得太多或打斷他人說話均不利於人際溝通，但太過沉默也會造成冷場的尷尬場面，也許你表面看起來十分專注聆聽對方說話，但因為你的反應較少，容易讓人誤以為你不高興或是在思考別的事、心不在焉，所以你應該在適當的時候，誠懇、明確地表達自己的看法，讓對方知道你很專心在聆聽。

　　一位良好的聽眾，不僅使他人樂於與你交談，也能讓你獲得一些意外的收穫，因為從傾聽他人說話的過程中，你會了解對方的想法和興趣；且在社交、商務場合上，積極的傾聽更為重要，可以從中獲取一些別人未察覺的情報，當一名良好的聽眾，絕對是利多於弊！

溝通情境題

　　小葳近期剛升上主管職，公司按例每月都要開一次主管會議，決議一些較重要的事情，大多數的主管對每月一次的會議早已見怪不怪，可是小葳第一次參與這樣的會議，不免事先做了許多準備，帶著戰戰兢兢的心前去開會。

　　會議由董事長特助主持，這次主要商討一些人事異動，其實這類問題討論不下數次，無非是調整各部門的儲備主管人選，在

場的前輩們都聽得厭煩，只管到時人事異動正式發布。可小葳卻和其他人不同，將這些人事變更的同仁名字都記了下來，而這個舉動全被董事長特助看在眼裡，會議結束後，他把小葳叫住。

「為什麼大家都無所謂的事情，你卻將名字都記了下來呢？」特助問。

「我覺得工作任何事情都要上心，且我又剛上任，肯定會有很多地方必須麻煩大家，記下這些人的名字對我並無壞處。」

「你可真是細心阿，公司現在很多人倚老賣老，每次我主持會議都是硬著頭皮在主持，大家根本不把我放在眼裡，實在是有苦說不出阿。」說完，特助長嘆了一口氣。

「這個會議確實不好開吶，畢竟很多都是公司元老，有些話不知當說不當說。你或許可以試試看改變會議模式，說不定能激起大家開會的動力，比如……」特助聽完後覺得可以一試，每月的會議果然產生不同以往的效果，小葳也在特助的大力推薦下再度升遷。

每個人都希望能得到應有的尊重和支援，因此對於願意認真傾聽自己說話的人，一般都會產生好感，上述故事中的小葳便是絕佳例證。那傾聽也有幾點是你必須注意的。

① 注意言行，傳達你的興趣

在對方有意進行溝通時，你要做出一副感興趣的樣子，積極配合對方

的言論，比如在交流時，要用積極的目光注視著對方，在過程中適時點點頭、給予回應，並針對較不明白的地方向他提問，讓對方認為你十分關注且重視他的言論，增強他的表達欲，向你提供更多的資訊，你也能在此溝通過程中，準確得到他想傳達、以及你想知道的資訊。

② 適時回饋

溝通是雙向的，若只顧傾聽，僅滿足了對方傾訴的願望，但他或許還有反饋的需求，這也代表你的用心，真正考慮到他的感受，有些反饋能成為你和對方溝通最好的潤滑劑。

③ 適時鼓勵和表示理解

談話者往往都希望自己受到理解和支持，所以若我們能在談話中加入一些簡短的語句，例如：「對的」、「是這樣」、「你說得沒錯」等，或是微笑點頭表示理解，都能鼓勵談話者繼續說下去，並引起共鳴。

④ 肯定對方的感受和想法

無論在傾聽還是回饋意見的時候，你都要肯定對方的感受，如果對方心情不好，主動將沮喪的原因告知你，卻遭到你的反駁，無非是火上澆油，一發不可收拾。即使對方老調重彈，也要裝做傾聽貌，時而給予反饋或由衷的讚美，不能有一絲不耐煩的神態。

人都渴望被尊重和認同，人際交流中，只有學會做他人忠實的聽眾，才是真正會說之人，才能有效實現溝通，拉近彼此的距離。

5-2 聽出弦外之音，每句話其實都有深意

是否會說話、能否掌握溝通藝術，無論是個人發展還是日常的社交活動，溝通都顯示出無可替代的重要性，正如卡內基所說：「一個人的成功約有15％取決於技術知識，85％取決於口才藝術。」

可在現今社會中，聽話和說話卻是同等重要，真正的聽並非傻聽，會「聽」話的人，能輕易領會、理解別人說話的意思，又能仔細欣賞、揣摩別人說話的技巧，更能從別人的言談中聽出言下之意和弦外之音，做出相應的對策。

因此，我們在溝通的時候，不僅要做一名認真的聽話者，更要做一名謹慎的聽話者，聽出對方話中真實的含意，領會說話者真正的意圖。

曾有位年輕人去拜訪蘇格拉底，向他請教演講的技巧。蘇格拉底剛開口說沒幾句話，這位年輕人不但沒有認真聽，還打斷蘇格拉底，自個兒滔滔不絕地講了起來，以展現自己的才能。

蘇格拉底說：「我可以教你演講，但必須收雙倍的學費。」

年輕人問：「為什麼要雙倍呢？」

蘇格拉底回：「因為除了教你演講外，我還要多上一堂〈如何閉嘴聽別人說〉。」

這段話透露出兩層意思，在訴說前一定要傾聽，傾聽是訴說的前提，同時，蘇格拉底在表達自己觀點時，並沒有直接指出來，採取委婉暗示的

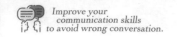

方法，既指出年輕人應該修正的缺點，又不至於讓他丟失顏面。

聽是說的前提，你要想更好地表達觀點，就要先將「說」這件事，建立在聽清別人內心真實意圖的基礎上，假如你沒有聽出別人的言外之意，就會做出錯誤的回應，甚至造成無法挽回的結果。

現在人們在交往時，經常會說一些富含深意的話，且有時礙於場合不適當，只能說一些模稜兩可的話，所以我們在與人溝通時，要懂得「聽話」，加以揣測那些話中話的真實意涵，避免產生錯聽的情況。

然而，在現實的交流過程中，並非人人都能聽到別人的弦外之音，經常會鬧一些笑話，還在心中沾沾自喜，殊不知自己就是不懂聽話的人。因此，在觀察他人的過程中，你不僅要學會觀察他人的舉止、顏色，還要懂得傾聽。但很多時候對方並不會直接表明自己想傳達的資訊，那我們該如何聽出弦外之音呢？

① 聽出對方的情緒和意圖

在各個場合，一個人即使不和你說真話，他的語氣同樣可能暴露出他的性格、願望、生活狀況，甚至是他的意圖。潛藏在他內心的衝動、欲望，總會透過某個方面表露出來，所以要了解對方意圖，可借語氣來讀懂他的心思，因此，只要你能準確抓住他的心，就能更準確地分析他的心理，看準他人的本質。

生活中，我們能從別人的語氣，看出一個人與你交談的情緒，留意語調、語速的變化，你就能察覺到他內心的變化；也有些人會刻意變化音調，間接表明他想向你傳達某些資訊，但有些語調變化是下意識發生的，這時你可以透過他的情緒變化來觀察，以便隨時調整說話內容。

② 鼓勵對方多說

任何人在談話的時候，都希望自己的意見和觀點得到認同、理解，如果你能表示出理解的話，那對方通常會很願意繼續說下去。

總之，在與人溝通的過程中，我們必須學會看穿他人心思的本領、懂得一些「讀心術」，看人不能只看表面，也不能憑三言兩語便輕易評斷一個人，唯有多方觀察，從舉手投足、眼神、表情等各個方面綜合判斷，才能真正判斷他的心思、用意。

5-3　從口頭禪聽出他人的個性特徵

相信在日常對談時，我們都會有意無意地提到某個詞語或句子，也就是所謂的口頭禪。口頭禪的原意是指有些禪宗只將禪理放在嘴上，而不施行的行為，也就是將禪宗勇於作為自己說話的點綴；現在則引申為人們常常掛在嘴邊的話語，且按照現代心理學的觀點，口頭禪其實也不是完全不「用心」的，它背後其實隱含著一些心理活動和心理作用。

因此，我們在傾聽他人說話時，一定要留心對方的口頭禪，從中了解對方的個性，不同口頭禪的人在性格特徵上是不同的，為此，我們不妨根據口頭禪，試著對我們身邊的人進行簡易劃分。

① 據說、聽說

常使用這類口頭禪的人，往往有這樣的特點，閱歷較廣，但往往不夠果斷，為了讓自己的話不過於絕對，替自己留點退路，因而經常使用這類的口頭禪。

② 真的、不騙你、說實話

這類的人在說話時，會擔心聽者誤解或懷疑自己，所以急於表明自己的立場。

③ 但是、不過

這些人說話時滴水不漏，即使發現自己說錯話，他們也能立即找出一個例外，用「但是」加以轉折，這也表明他們懂得給自己留餘地，一般從事公關產業的人，常有這類口頭語，說話總語帶委婉之意，不致毫無退路。

④ 肯定的、必須的

這類的人往往信心十足，理智、果斷，有足夠的說服力，令人信服。

⑤ 嗯、這個嘛、啊

這是一些用於語句間歇的詞語，常使用這類口頭禪的人，反應往往較慢，但也有些態度傲慢者喜歡這樣說話。

⑥ 可能吧、或許吧、大概吧

這類的人為人謹慎，行事縝密，不容易得罪人，人緣通常不錯，但他們一般不會將心中真實的想法告訴別人。

著名心理學家威廉·詹姆斯（William James）說過：「播下一個行動，收穫一種習慣；播下一種習慣，收穫一種性格；播下一種性格，收穫一種命運。」口頭禪反映了對某一類情形的反應模式，尤其是帶有消極詞彙的口頭禪，對認知和情緒都是一種消極暗示，所以，心理治療師即使肯定別人，也很少說「不錯」等帶有雙重否定的詞彙。另外，在現實的語言交流中，也應該盡量避免口頭禪為你帶來的負面效應。

溝通情境題

　　林丹是一名剛進公司的菜鳥業務，正在接受公司內部的銷售培訓，在培訓的過程中，老師發現她很喜歡把「說真的」掛在嘴邊，於是將林丹找來問話。

　　「你對自己滿意嗎？」

　　「挺好的啊，老師為什麼這麼問？」林丹甚是好奇。

　　「所以妳對自己挺有自信的囉？那為什麼妳老喜歡把『說真的』掛在嘴上呢？」

　　「就口頭禪而已，這應該不會有問題吧？」

　　「這你就錯了，一個人的性格特徵，往往就是不小心從口頭禪中洩露出來的，我們千萬不要低估客戶的觀察力，一個人若喜歡說『說真的』，她內心其實是不自信的，如此強調就是為了讓對方相信自己，我想，妳應該知道自信對業務來說有多重要吧，倘若妳自己的底氣不足，又要怎麼說服客戶呢？」

　　「我知道了，謝謝老師的指導，我會盡量改掉的……」

　　相信很多人都跟故事主角一樣，有著自己的口頭禪，這看似一種語言習慣，其實是一個人個性的顯現，據研究，以下三種口頭禪對人的心理健康特別不利。

① 我不行、我怯場

在生活中，尤其是在一些特殊場合，常會因為害羞而說出這樣的口頭禪，這或許只是表面上簡單一、兩句口頭禪，卻可能對我們的內心有著強烈的負面影響，導致我們產生自卑感，不利於達成目的，更對我們的心理健康有害。

② 摒棄那些使人產生刻板印象的口頭禪

從心理學角度而言，所謂刻板印象，顧名思義就是人們在社會生活中，隨著某些社會經驗的累積，依據這些經驗為人處世、判定他人。諸如此類的口頭禪很多，比如「帥氣的男人一定花心」，但這種帶有刻板印象的口頭禪會給人們帶來偏見，既不利於與人和諧交往，也不利於身心健康。

③ 隨便吧、好沒力、活著真沒意思

這種給人消極情緒的口頭禪，倘若不拋棄，會讓你在職場、日常生活中，變成不受歡迎的人。

每個人都有自己常用的口頭禪，這是無法避免的，只是我們通常都不會意識到，而這些自己沒有察覺到的習慣，卻會在無形中悄悄出賣我們，你可以問身邊的朋友，看自己是否有什麼特殊口頭禪，然後加以修正。

5-4 從語氣中聽出對方的情緒變化

　　常說：「禍從口出。」所有的禍端通常皆來自於語言，以此告誡我們平時就要謹言慎行，不可毫無顧忌地說話。從這句話中，你也可以得出一點，那就是與人溝通時，要想看清別人，也可以從對方的語言著手，當然，一般人不會直接表明自己的想法和情緒，需要靠我們自己探查才行。

　　而要得知對方情緒變化最直接的方式，便是從對方的語氣來察覺，要知道，任何一句話都是帶有感情的，因而會產生不同的語氣。一個人說話的語氣，是承載這句話的基礎，其中包含的內容，會讓這句話所要傳達的情感更加豐富，當別人笑著說：「真是一個混蛋！」你可以把這當成一句玩笑話，但如果對方是咬牙切齒地說出來時，你就要認真對待了。

　　很多時候，一句話不是光用耳朵就能聽明白，還要用眼睛去看、用心去想，最終才能理解這句話的意涵，從對方的語氣加以揣摩再說話，才能在交流中有的放矢，我們來看看下面這個案例。

溝通情境題

　　彤彤是專門銷售女性保養品的直銷商，她來到一名客戶家中拜訪，一位年輕太太開門，但這位太太看起來不大開心，眼框還

泛著些許淚光，彤彤見狀，馬上關心道：「太太您怎麼了，遇到什麼傷心的事情嗎？」

「沒事。妳哪位啊？我不認識妳。」

「太太您好，我是××保養品的銷售員，想向您介紹公司新推出的產品，但我看您一臉憂愁，不由得擔心起來。」

「謝謝妳，但我沒有什麼事。」

「家家有本難念的經，我能夠理解，我和妳同樣身為女人，要操持好一個家，經營好一段婚姻，真的不是一件容易的事情。」

「妳說的很對，我老公就是不知足的人，我努力為這個家付出，但他總喜歡挑毛病、找我吵架，我真的不知道該如何是好，難道是他在外面有其他女人嗎？」

說到這，莉莉發現這位太太談到自己的丈夫時，臉上透露出來的盡是不安和疑慮，於是說道：「太太，我覺得妳要勇敢一點，試著和先生談談，這樣問題才能解決，不然一直傷心也不是辦法啊！」

「妳說的很有道理，我是該找個機會和他攤牌。對了，妳剛剛說妳是來推銷保養品的，最近推出哪些新產品呢？」

上述故事中，客戶之所以對彤彤放下防備，是因為彤彤從語氣中了解到對方的心情，向其道出自己的來意和關心，對客戶的事情予以感同身受，讓客戶感覺到她的誠意及溫暖，因而將彤彤視為傾訴的對象，最後主

動問及產品，順利成交。

　　語言是陳述內在、表達內心最好的武器，語氣則是其隱性的特點，若你想掌握他人心理、施展口才，那在與人交際的過程中，就要學會觀察對方的語氣。

　　假如對方說話高高在上，那必定是得意、自負之人，在與這類人說話時就要小心，避免滋生事端；如果說話輕聲細語，則為性格溫柔之人，但有可能是「柔裡藏刀」，這樣的人更要提防；也有些人說話大聲爽朗，性格就如同他們的聲音一般，開朗大方；還有些人說話誠懇，不矯揉造作，態度謙虛、平易近人，容易獲得他人誠心地相待。

　　那又該如何根據對方說話的語氣，做出相應的心理對策呢？

① 聽出對方的情緒和意圖

　　在各個場合你都要「聽話、聽音」，即便一個人不願和你說真話，他的語氣同樣可能暴露出他的性格、願望、生活狀況，甚至是他的意圖。潛藏在內心的衝動、欲望，會透過其他地方體現出來，所以要了解對方意圖，可借語氣來讀懂他的心思，只要你能準確抓住他的心，便能更準確地分析心理，看準他內心的本質。

② 看準他人的意圖再說話

　　在說話前，試著先了解對方談話的意圖，並作出相應的語言回應，才能讓交談有利於你。比如你是位求職者，在回答問題時，應正視面試官，通常面試官對急於了解的問題，談話會以較不太關心的話題來切入、試探，如果對方凝神傾聽，你就要描述得較為詳盡；但對方只是隨聲附和或

眼神出現游離，則應立即簡短結束此話題，求職者不可因自己對這方面較了解，而誇誇其談。

　　若能從別人的語氣，看出一個人與你交談時的情緒、留意他的語調、語速變化，你就能掌握他的內心變化，但有些語調可能是對方刻意做出來的，因為他想向你傳達某些資訊；當然，也有些語調變化是無意識的，你可以試著從中發現他的情緒變化，以便隨時調整你的說話內容。

5-5 不傻聽，適時給予回饋

任何善於溝通的人都知道，溝通有三要素——傾聽、回饋、表達。根據科學研究證明，耳朵所蒐集到的資訊，遠遠比眼睛多得多，所謂「萬言萬當，不如一默」，就是指我們說一萬句話，哪怕全部都是正確的，也不如沉默不說一句，由此可見傾聽的重要性。

但你要明白一點，就是不論在何種情況下溝通，都有一定的目的，因此，要做到高效溝通，就必須在傾聽中抓住問題的關鍵，適時做出回饋。

與人溝通時，為了與對方有更好的互動，我們應該要如何在交談過程中適時回應，以提升溝通效果呢？適時地表達你的回應，向對方表示你不但用心聆聽，而且了解他，一般有以下幾種方法。

當對方在與你談論某件事情，因為擔心你可能對此不感興趣，進而露出猶豫或為難的神情時，你可以伺機說一、兩句鼓勵的話。

「你能談談那件事嗎？我想多了解一些。」

「請你繼續說。」

「我對此也是十分感興趣的。」

此時你所說的話，是為了表明一個意思：「我很願意聽你的想法，不論你說得如何或是說了什麼。」能消除對方的疑慮，並堅定他暢所欲言的

信心。

當對方因心煩或憤怒等因素影響，在描述中不能控制自己的情緒時，你可以用一、兩句話加以疏導。

「你一定感到很氣憤。」
「你似乎有些心煩。」
「你心裡很難受嗎？」

在你說出這些話的時候，對方很可能會藉此發洩一番，就算對方或哭或罵都不足為奇，因為說這些話的目的，就是要把對方心中的鬱結「誘導」出來，只要對方發洩完，他就會感到輕鬆與解脫，從而能繼續完成方才的話題。以下提供一些傾聽的訣竅。

🎤 除了用耳朵外，也要動員眼睛一起傾聽，如注意對方的臉部表情、眼神、姿勢等肢體語言所傳達的訊息。
🎤 用嘴聽，也就是附和對方的意見，或對不明之處發出疑問，尋求對方進一步說明。
🎤 站在對方的立場、思想、欲求去傾聽。
🎤 不要受到對方情緒的影響。

值得注意的是，你在說這些話的時候，不要成為盲目的安慰者，意即你不應針對他人的話語做出判斷、評價，或是說出類似「你是對的」、「他不應該這樣」的話，可以回應「嗯、是的，我了解……」，因為你的

責任是順應對方，為他架設一條「情緒疏導管」，而不是火上加油，加深對方鬱結的情緒。

當對方在陳述時，明顯急切地想讓你理解他的話意時，你可以用一、二句話來「綜述」對方話中的含意。

「你是說……」

「你的意思是……」

「你想說的是……」

這樣的綜述既能及時驗證你對這段話的理解程度，還可加深對方對你的印象，讓對方感受到你的誠意，並及時將理解錯誤的地方導正、釐清。

以上三種適宜的回應技巧，都有一個共同的特點，即是不針對對方的談話內容發表判斷、評論，也不針對對方的情感做出是與非的表態，抱持著一種持平、中立的態度。不過，有時在非語言傳遞的訊息中，你可以流露出你的立場，但切記不要在語言中有所流露，這是一條非常重要的界線，倘若你超越了，就會陷入盲目溝通的危險之中，從而使一場溝通、對談失去方向和意義。

溝通情境題

　　劉燁在一間大型書店工作，她很熱愛自己的工作，沒什麼客人時，還可以翻閱架上的書籍，而且她十分開心能為有需要的讀者推薦她認可的好書。

　　某天，有位30多歲的男子走進書店，他在心理學書籍區看了好久，這時劉燁走過去打招呼道：「先生您好，您打算購買心理學相關的書籍嗎？」

　　「我隨便看看。」劉燁察覺對方不大願意和她說話，所以她識相的走到一旁，沒再多說什麼。這位先生在這區翻閱了許久，不知道究竟買哪一本好，一臉很苦惱的樣子，站在遠處的劉燁發覺時機已經成熟，便走到他身旁說：「先生，請問您想買什麼樣的書呢？」

　　男子：「我想買心理學的書來看，但不知道買哪本好。」

　　劉燁：「現在心理學相關的書籍選擇真的很多，不知道你購買是出於興趣，還是有其他需求呢？」

　　男子：「我買心理學書有很多原因，首先，我本來就對這很感興趣，以前讀書時就有涉獵，現在想再買些回去，且我現在的工作也需要掌握一些心理學知識，但自從畢業後就沒再接觸這類書籍，現在還真是不知道該如何挑選了。」

　　劉燁：「這樣的話，我建議你重新從基礎知識下手，這本《心理學基礎》寫得相當不錯，等你找回一些概念和基礎後，再

針對心理學類別購買更詳細的，因為心理學的範圍太廣了，若一下買得太艱澀，根本看不懂，還可能造成你的心理負擔、產生排斥。」

最後，男子拿著《心理學基礎》前去結帳，高興地離開了。

傾聽是達成有效溝通重要的基礎，善於傾聽的人懂得從對方的言談之中，分析出哪些內容是主要的，哪些內容是次要的，以便抓住事實背後真正的意思。而不給予回饋也是溝通中常見的問題，許多人常誤以為溝通就是我聽他說或他聽我說，常忽視回饋這項環節，而產生兩種結果。

✎ 資訊發送方（表達者）不了解資訊接收方（傾聽方）是否準確接收到了資訊。

✎ 資訊接收方無法證明和確認是否準確地接受了資訊。

那在溝通過程中，我們除了不傻聽外，又該如何給予回饋呢？

① 先傾聽

不管是朋友、同事、主管、客戶，在溝通的時候，傾聽對方表達的內容和目的都非常重要，以下幾個關鍵點務必注意。

✎ **對方的問題點：**這是傾聽最主要的任務，有時對方並不會坦白。

✎ **情緒性字眼：**當人們感覺到痛苦或興奮時，通常會用一些情緒化

的字眼來表達，比如「太好了」、「真棒」、「怎麼可能」、「非常不滿意」等，這些字眼間接表現出他們的潛意識導向，表明內心深層的看法，在傾聽時要格外注意。

② 給回饋

對方表達完後，要在適當時機給予回應，也就是所謂的回饋，及時、明朗，且不含糊的給予認同或肯定，像「是的、對、嗯、是啊」等，都是必不可少的。

③ 表達自身觀點

與對方的觀點若有衝突，或認為有爭議，也要先給予肯定，再說出自己的想法，但切記要掌握好分寸、恰如其分。

給予回饋後，才算達成一個完整的溝通過程，一個完整的溝通過程既包括資訊發送者的表達和資訊接收者的傾聽，也包括資訊接收者對資訊發送者的回饋。

Chapter *6*

問，讓你得出所有想要的答案

6-1 透過旁敲側擊尋找問題答案

在實際溝通的過程中，我們有時候可以在提問時，採取「旁敲側擊」的方式，多問幾個與主題相關的問題，然後從中找出答案。一般討論的主題過於龐大或無法直接提問時，就可以採取這樣的方式，當然，我們所詢問的問題必須與正題相關，否則提問再多，也無法找到答案。

跟大家分享一則類似的案例，某間學校老師正帶領著學生閱讀與風箏有關的散文，這位老師採用了兩種截然不同的提問方式上課，觀察同學的反應……

🔍 第一種

老師：「我們在做製作風箏時，心情如何？你能從哪些詞句中體會到呢？請把句子劃記出來。」

老師：「接著把這些句子讀出來。」

🔍 第二種

老師：「這篇文章是在描述製作風箏時的情景，請大家認真閱讀課文，想想文中要做得是哪種風箏呢？」

學生：「蝴蝶風箏。」

老師：「其他同學有不同的看法嗎？」

學生：「是一個什麼也不像的風箏；是一個叫做「幸福鳥」的風箏；

是一個帶著憧憬和希望的風箏。」學生們爭先恐後地說出自己的解讀。

老師：「那風箏完工前，我們的憧憬和希望是什麼？」

學生：「希望做出來的風箏很漂亮，像一隻美麗的蝴蝶。」

老師：「我們精心做著，可做出來的風箏……」

學生：「什麼也不像了。」

老師：「你一心想把事情做好，並且很認真地做了，結果做得很糟糕，這時你的心情如何呢？」

學生：「傷心、難過，打不起精神。」

老師：「雖然做了個四不像的風箏，但我們可以如何讓自己感到快樂呢？」

學生：「只要風箏能飛起來就好了！因為是自己親手做的，再醜我也喜歡，我更在乎做風箏的過程。」

老師：「這就對了，過程遠比結果更重要。小小的風箏，承載著我們單純的童心、簡單的幸福，是完全屬於我們的快樂。現在就讓我們來看看作者製作風箏時，是否也如同我們一樣的快樂。」

第一種提問方式，直接請學生從文章中將句子畫線，對文章進行字面上的理解；第二種提問則採用旁敲側擊的方式，引導學生先進行想像、思索，讓他們先在心中擁有全面且深刻的感悟，然後再回到文章中，體會別人的心境，深入了解風箏所帶給人的喜悅。你認為這樣的方式，是否更好呢？

溝通情境題

　　小燕是化妝品專櫃的銷售員，她的個性熱情開朗，受到許多客戶的喜愛，大多會再來向她購買產品。而小燕為了讓前來消費的顧客，各個開開心心的滿載而歸，常會在顧客挑選產品時，在一旁默默觀察，又不失時機的跳出來給予建議，若顧客猶豫不決或苦惱時，便輔以旁敲側擊的方式提問，一步步領著他們解決心中的疑慮，順利將產品帶回家。

　　某次，有位女孩前來購買化妝品，她細細挑選出幾款中意的產品，但因為超出預算，一時又拿不定主意，在展示櫃前猶豫許久，而這些全被小燕看在眼裡，她適時地走上前，問道：「妳好。妳挑的這幾款都是熱銷品喔！」

　　女孩回：「真的？但有點超出預算，也不知道適不適合我的膚質？」

　　小燕用儀器檢測了女孩的膚況，說：「妳的皮膚偏油，這款剛剛好，雖然價格稍貴了些，但要找到適合的化妝品真的不容易。」女孩似乎還很猶豫，於是小燕繼續說道：「這款很多油性肌的客人一再回購，化上去真的不容易暈妝。我先幫妳包起來吧。」女孩沒有拒絕，小燕再次成功將商品推銷出去。

　　小燕透過旁敲側擊的方式進行提問，發現客人猶豫不決，因而直接替她做決定，且顧客也沒有拒絕，最後成功銷售，既順利成交，也滿足顧客

獲得這款產品的欲望。

① 提問提得巧

同樣一個問題，有著百百種提問的方法和角度，但你只要記住，提問的目的是為了獲取答案，指明方向，促進雙方之間的溝通，順利啟發對方，讓對方有話可說，而且說得精彩，那你就能達成良好的溝通。

② 旁敲側擊是智慧的提問

假如採取直接的方式提問，目標意識太過於強烈，那對方就很容易產生厭倦和排斥之感，俗話說：「欲速則不達。」提問也是一樣的道理，最聰明的提問方式便是旁敲側擊，既能「山重水複」，又能「柳暗花明」。

③ 提一些開放性或試探性的問題

有時候，一些開放性的問題，也同樣能起到旁敲側擊的作用，比如「你對現在的危機有什麼意見？」、「你覺得靈活的工作時間怎麼樣？」、「假如你贏得了百萬美元，你會怎麼規劃呢？」或者，你也可以提一些試探性問題：「那時你多大了？」、「公司的銷售額是多少？」、「公司有多少員工呢？」

6-2　只要提對，問題自然解決

　　在日常社交的過程中，許多不擅長提問或在提問過程中遭遇挫折的人，總會為自己找許多的理由和藉口，比如「他根本沒辦法溝通，我跟他無話可說」、「昨晚我沒休息好，今天沒心情交流」等等，採取自我逃避，將責任推到別人身上的態度。

　　每個人心中都有防禦機制，在某種程度上影響著我們處理問題，甚至無法發現問題的關鍵所在，因而對問題的認識不清，導致我們模糊提問，這也是為什麼我們提出那麼多問題，卻總沒有問到點子上，效果很小。

　　所以，在提問的過程中，我們不僅要善於提問，還要問對問題，且當我們在與不熟悉的人交談時，巧妙的提問不僅具有投石問路的作用，還能使交談隨著我們期望的方向層層展開，確實達到相互溝通的目的。

　　有些人只要一拋出問題，就能立即打開對方的話匣子，彼此甚至還有相見恨晚的感覺，迅速成為好朋友；有些人卻是一開口提問，便讓對方無言以對，場面變得十分尷尬，可見發問也是一種說話的藝術，而它對於拉近雙方的關係，也有著很重要的發酵作用。

　　一間餐廳正在招募新的服務生，有兩名年輕人前來應徵，店經理欲考核他們實際的應對能力，要求他們各試帶一組客人。

　　第一位應徵者在招呼客人時這麼說道：「您好，今天想吃什麼呢？」客人擺了擺手，似乎不知道該如何回答，低頭看著菜單，兩人的對話就此

結束。而第二位應徵者帶客人入座後，說道：「您好，請問您要點經濟實惠的A餐？還是清爽可口的B餐呢？」客人聽到覺得服務生態度親切，回答道：「來一份A餐吧！」

由此可見，第二位應徵者的說話策略相當成功，而他所運用的策略便是提問限制性的問題，這類提問方式有下面兩個特點。

🦴 在提問中限制對方可做出的回答，有意識且有目地引導對方思路，使其說出提問者心中希望的答案。

🦴 這類提問能使對方從中感受到提問者的誠意，內心浮現融洽、親切的體會，因盛情難卻而不好意思拒絕，即使原來想拒絕，也會不由自主地改變心意，順著提問者的意思做出答覆。

一般來說，這類限制性的提問只適用於預期目的十分明確的情況下，如果情況不明、沒有清楚的目的時，便不宜採用，應改用暗示性的提問法，意即提問的範圍宜大不宜小，宜活不宜死，也就是說你的發問必須讓對方有自由選擇答案的餘地。

例如，午休時間有人在茶水間用微波爐微波便當，卻忘了拿出來，於是你很有禮貌地詢問對方：「請問你還要使用微波爐嗎？」這樣的提問方式，絕對比你直接問：「你怎麼用完也不快點拿出來？」、「你怎麼一直霸佔微波爐！」等要有更好的效果。

暗示性提問的特點在於婉轉含蓄，不會使對方感到難堪，可避免許多誤解和衝突，有時還能讓對方覺得你很有禮貌、富有教養，進而對你產生好感，使雙方的往來更加頻繁。接著，我們來看看下面這段對話。

　　王明想要買輛車，但頭期款還差了一些，他希望爸爸可以資助他，於是他去找爸爸商量……

　　王明：「爸爸，我想買一輛車，但我頭期款還差一點錢，能先借我嗎？」

　　爸爸：「你有駕照嗎？沒有駕照是不能開車的。」

　　王明：「我早就考到駕照了呀，現在就是錢不夠，如果你能先借我，我就可以支付頭期款了。」

　　爸爸：「你怎麼突然想買車呢？」

　　王明：「我覺得現在上下班很不方便，搭車又太耗時了。」

　　爸爸：「要不然我以後順道載你吧，還是我的車給你開，我坐公車也行。」

　　王明：「我不想開你那台，款式太老，又耗油。」

　　爸爸：「那輛車我剛買不久，怎麼會太老？」

　　王明：「我同事有輛車正打算賣，價格也挺合理的，我打算跟他買二手的。」

　　爸爸：「家裡的車怎麼了？難道開出去會丟人嗎？」

　　王明：「我就是不想開家裡的車。」

　　結果可想而知，父子倆吵了起來，請問問題的根源在哪裡呢？問題就在於王明沒有意識到提問的關鍵是什麼，他提問的重點應該在於「借錢」，從這點與爸爸進行交涉，才能達到目的，比如他可以問：「爸，你能先借我5萬嗎？」所以，在提問的過程中，要知道問題的關鍵在哪，唯有問對話，才能順利解決問題。

　　在提問的時候，假如你想把問題提到對方心裡，那最好將提問目標與

對方的需求結合起來，這就是提問的關鍵所在；在實際提問的時候，只要能讓對方感受到問題與他的需求有關，那提問就會成功。

提問的目的其實就是要達到一種和諧的氛圍。只要從對方的角度去提問，往往能獲得良好的溝通效果，因此我們要把握好時機，摸清對方的心理脈絡，使談話變成一種互動，讓問答能順利進行，更不要提對方難以回答或不願回答的問題，也不要限制對方的回答。

6-3 投其所好，問進對方心裡

　　與人社交其實很簡單，就算是和陌生人互動也是，只要透過一句簡單的問候，釋出自己的善意，對方就會樂意與你交談，筆者在內地演講時，認識一位學員小趙，他就是這麼做的。小趙隻身一人在外地打拼，只要有空，他就會搭長途車回家，但大陸各城市間距離遙遠，更別說都市和鄉下之間的路程了，每次探親都要耗費近十個小時。

　　就因為搭車時間長，所以小趙在路途中總會主動和周圍的人打招呼、聊天，好比「您好，您也要回家探親嗎？」，或是「您好，這本雜誌您看完了嗎？能不能也借我看一下呢？」和其他乘客互動、聊天。

　　一般人在搭車的時候，都會想著睡覺或玩手機來打發時間，但小趙不一樣，他將原先枯燥的路途生動起來，更與這些人成為朋友，經常保持聯繫，拓展自己的人脈。總說現今社會人情冷漠，但筆者想，或許只是我們不夠主動，倘若有一方較為積極，得到的回饋不見得是我們心中所設想的那樣。

　　西元前266年，趙惠文王逝世，礙於新君年幼，便由其母后趙太后代為攝政，而秦國趁趙國的國政動盪之際，派兵大舉進攻，趙太后為解決此危機，向齊國求救。齊國答應了趙國的請求，但要求趙太后要將自己最喜歡的兒子長安君送到齊國作人質，趙太后不肯答應，不管大臣如何勸諫，她都充耳不聞。

可事關社稷安危，左師觸讋決定獨自前往勸諫，請求面見太后，但太后怒氣沖沖，觸讋見狀，便沒有直接談起人質的事情，和她聊著健康養生的話題，太后的怒氣才稍微平息下來。觸讋繼續和太后聊著，詢問太后能否將他的兒子舒祺安插在御林軍中，太后爽快地答應了，但不解地問：「你們男人也會心疼自己的兒子嗎？」

觸讋回：「當然，而且比女人還要疼。」

太后反駁道：「在這方面，男人是絕對遠不及於女人的。」

觸讋：「未必如此。我們男人和女人相比，兩者之間對孩子的愛是不同的，女人大多是溺愛，男人卻是從孩子的未來做打算。」繼續說道：「我認為您對燕后的關愛還遠遠超過長安君呢。」趙太后心中雖不認同觸讋的觀點，但仍示意他繼續說下去。

觸讋：「燕后出嫁後，您日日夜夜都在思念著她，但祭祀時，卻又求著上蒼不要讓她回來，不就是希望她待在燕國，為燕王生下子嗣，冀望著兒孫能成為燕國君主嗎？」

太后說：「是這樣沒錯。」

觸讋又說：「您雖然賜給長安君幅員遼闊的土地，也給他不少象徵權力的禮器，但就我認為，這不過是一種溺愛罷了，這些對長安君的將來並沒有任何好處。您可以想想，歷代君王的子嗣有誰能保住榮華富貴？若您真的疼愛兒子，就應該給他建功立業的機會，這樣他才能在臣民中站得住腳。在您百年之後，身無寸功的長安君要如何在趙國繼續享受您賜予的榮華富貴呢？所以我認為您為長安君的盤算太淺了，您對他的疼愛更不如燕后。」

趙太后覺得觸讋的話很有道理，說：「好吧，就任憑你指派吧！」

　　觸讋利用父母疼愛孩子這點，透過層層提問，讓趙太后理解疼愛並不等於溺愛的道理，他告訴趙太后，若無端給孩子豐厚的俸祿，只會使他的未來充滿危機；唯有讓孩子為國家做出奉獻，他才能在群臣、百姓前站得住腳，最後順利說服趙太后，同意將長安君送往齊國作為人質，秦國進攻的危機才得以解決。

溝通情境題

　　在美國，有位農村小夥子到城裡應徵賣場銷售員。

　　經理問他：「你以前從事過這類工作嗎？」

　　年輕人回：「我在村子裡做得便是攤販，還曾挨家挨戶推銷。」

　　經理繼續面試，整體下來的觀感不錯，認為他蠻機靈的，於是說道：「你明天就來上班吧，下班時間我會再過來看看你的情況。」

　　年輕人從未在店裡銷售過產品，一天的工時對他來說太長了，好不容易熬到下班，正當他準備打烊時，看到經理從店門口走來。

　　經理問：「你今天賣了幾筆訂單呢？」

　　年輕人回：「一筆。」

　　經理聽到年輕人的回答，驚呼一聲：「只有一筆？我們這邊的銷售員，一天平均都可以做到二、三十筆生意。那你這一筆賣

了多少錢？」

　　年輕人：「30萬。」經理聽到目瞪口呆，半晌才回過神來，問他是如何賣這麼多錢的，年輕人繼續說道：「那是一位男士，我首先賣了一個小號魚鉤給他，然後中號魚鉤和一個大號魚鉤；接著，我又賣了小號釣魚線、中號釣魚線、大號釣魚線。我問他到哪裡釣魚，他說海邊，於是我建議他可以買艘船，向他推銷了裝載兩台發動機的動力帆船。而他突然想到他的車可能拖不動這麼大的船，所以我又賣了一輛大馬力的車給他。」

　　經理難以置信地問：「這名男士只是來買個魚鉤，你竟然就能向他推銷這麼多東西？」

　　年輕人：「不，他原本是來幫妻子買衛生棉的，我那時聽到便告訴他：『你的週末這下沒搞頭了，為何不去釣魚呢？』」

　　上述這個故事，雖然在現實生活中不大可能發生，但卻很明確的告訴我們，要想成功挖掘對方的需求，就一定要懂得提問、敢於想像，將問題問到對方的需求點上，讓對方認同你的觀點，替自己帶來無法估量的利益或好處。

　　在一般的社交活動中，「投其所好」大多會被視為貶義詞，但如果你是為了說服對方，以尋求幫助的話，那就不一樣了。透過對方的興趣、愛好，雙方愉快地展開話題，不僅心情愉悅，也實現自己的目的。

6-4　問題要具體，對方才好回答

　　在回答他人問題時，倘若我們對問題不夠了解、不熟悉，抑或不願意做出回答，那我們通常會採取含糊其辭、顧左右而言他的方式來閃避，甚至乾脆拒絕回答，然後在心裡暗暗想道：「這人怎麼回事，居然問這種幼稚且難以回答的問題。」

　　提問是相當講求技巧的，一個好的問題，能誘導他人深度思考，有時還能起到拋磚引玉的作用；反之，一個不好的問題如鯁在喉，讓人不知該如何回答，甚至會使人惱羞成怒，覺得對方是在故意刁難。因此，要想有一場愉快的交談，除了態度真誠、友善外，還要學會向對方提問。

　　提問的方式有很多種，諸如開放式提問、封閉式提問、可選擇式提問、特定提問……等，開放式提問顧名思義就是答案可以非常廣泛，任由答題者天馬行空的回答，但也有些人會覺得這樣的問題很難回答，因為他們缺乏必要的引導，思緒會過於「發散」，不知從何答起。

　　這時就可以考慮選擇封閉式提問，所謂封閉式提問，即問題非常明確，如「是」、「不是」、「能」、「不能」等；可選擇式提問則是將答案控制在問題選項裡，例如你喜歡西瓜還是蘋果，答案就只能擇一。

　　那特定提問又是什麼呢？即答案是唯一的，例如你的工作是什麼？總而言之，我們要懂得根據對象的不同，提出最適合的問題，尤其是在使用開放式提問時，若想讓對方回答得更精準，就要把問題描述得具體些。

好比我們問一名外國人：「你覺得台灣如何？」這個問題對初來乍到的外國人來說，答案實在過於廣泛，他們根本不知道從何說起，因為你是問台灣的食物好吃嗎？風土人情？還是其他……？

或許你可以換個方式提問，例如：「你覺得台灣的食物好吃嗎？和你們國家有什麼不同？」這時他們就能具體抓到你問的是「食物」，可以針對這項問題來回答你，假如他有很多想法，就會自行將答案往後延伸。這也是提問的精髓所在，非但不會讓人無從回答，還能打開對方話匣子，滔滔不絕地論述個人看法。

溝通情境題

朝旭和老闆去參加合作廠商的上市酒會，現場好多人他都不認識，才剛到30分鐘便感到不自在，想早點逃回家好好休息。但這是他的工作，根本無可奈何，況且老闆也還待在會場，更別想開溜了，於是他拿著調酒走到角落，與一位感覺處境和他相同的男士閒聊起來。

朝旭和這位男士並不相識，最初是被他胸前異國風格的絲巾吸引，便上前與他攀談，朝旭開口道：「您好，您身上配掛的這條絲巾非常特別，讓人有耳目一新的感覺。」

男士禮貌性地點頭致謝，回道：「您也喜歡這風格嗎？」

朝旭點點頭，說：「它有著原始森林的氣息，給人一種狂野不羈的感覺，但又帶點拙樸。」男士聽到眼睛為之一亮，原本

他以為朝旭是客套地給予讚美，不料他是真心欣賞這條絲巾的樣式，內心不由得對他讚許。

朝旭又問：「您去過非洲嗎？」男士被朝旭的提問挑起興致，兩人暢談起來，從非洲聊到美洲，又從美洲談到歐洲，時間在不知不覺中流逝，當他們察覺時，廳內的賓客皆已散得差不多了，兩人才意識到時間不早了。

朝旭和男士留下彼此的連絡方式，高興地說：「和您聊天非常愉快，您真是見多識廣。」男士笑笑地說：「其實是您很會聊天，您所提的每個問題都讓我非常樂意回答，很高興認識您。」從此，兩人成為無話不談的好哥們。

上述案例中，原先看似鬱鬱寡歡的男士，因為朝旭善於提問，而改變他的態度，整個人也積極健談起來，朝旭的問題總能問得恰到好處，既不會廣泛得讓人無從回答，摸不著頭緒，又不會具體到只需回答對或錯。

現實生活中，與人交流尤為重要，但要如何交流才能達到最好的效果，想必是每個人都想知道的答案，因此，我們非但要學會真誠地回答他人問題，也要學會借助這些具體生動的問題來打開話題，讓溝通得以順利進行下去。

6-5 靠引導和誘導，得到你想要的結果

　　日本安國寺有位聰明絕頂的一休和尚，有次大將軍足利義滿把自己最喜愛的龍目茶碗暫時寄放在安國寺，但一休卻不小心把它打破了，將軍又恰好派人要將龍目茶碗取回去，眾和尚慌了陣腳，不知該如何是好，茶碗被打破了，該怎麼還給將軍呢？一休對大家說：「不必擔心，我去見大將軍，就交給我來處理吧！」

　　一休見到大將軍後，便問：「將軍，有生命的東西到最後一定會死，對嗎？」

　　將軍回：「是。」

　　一休又說道：「世上一切有形的東西，最後都會破碎消失，對嗎？」

　　將軍說：「是。」

　　一休接著又問：「這種破碎消失，誰也無法阻止？」

　　將軍又回答：「是。」

　　一休和尚聽了將軍的回答後，露出一副很無辜的表情，接著說：「將軍大人，您最心愛的龍目茶碗破了，我們無力阻止，還請您諒解。」由於將軍先前已連著回答幾個「是」字，心裡明白不宜再嚴加追究，安國寺眾人得以安然度過這個難關。

　　在談話的過程中，你可以先巧設陷阱，讓對方在沒有防備的情況下，誘其說「是」，等對方不知不覺墜入圈套時，便能牽住他的思維，使對方

不得不就範。而這種誘使對方多說「是」的提問方式，被稱為「蘇格拉底式問答法」，在辯論中有著特殊的功效。

一般來說，只要對方在說了許多遍「是」之後，你在勸說對方接受自己的觀點時，就比較容易，但老練、心存戒備的對手，通常不會輕易說出「是」。像日本明治時期有位名醫大村益次郎，他是位嚴肅的人，有次鄰人跟他寒暄：「您好，今天天氣真熱，對嗎？」他卻回：「夏天的天氣本來就很炎熱。」因為如果他順著對方的問題回答：「是的，的確很熱。」那自我防衛的氣勢就會因此減弱。

由此可知，引導對方回答的方法，在剛開始進入主題時，就要記得不可以涉及有爭議的觀點，要先順應對方的思緒，讓彼此有共同的話題，從對方的角度提出問題，再間接引導他順著你的方向走，承認你的立場，這樣就能輕鬆攻破防線。

在說服別人的過程中，巧問往往是誘導的關鍵環節，只要問得好，就能牽住對方的思維，進而將對方引入自己預設的方陣之中，形成自相矛盾、言行相悖的局面，最後使其自願放棄錯誤，心悅誠服地接受你的意見。

戰國時，魏國龐恭要陪魏太子到趙國邯鄲當人質，為了預防魏惠王聽信小人誣衊他的流言蜚語，在出發前，龐恭對魏惠王說：「大王，如果現在有人跟你說街上有老虎，您會相信嗎？」

魏王說：「不相信。」

龐恭說：「那如果有兩個人跟您說街上出現老虎，大王相信嗎？」

魏王說：「我會有點懷疑。」

龐恭說：「要是有三個人說呢？」

魏王說：「那我就會相信。」

龐恭說：「正常情況下，街上根本不會出現老虎，但如果有人一而再、再而三地說有，那街上就真的像是有老虎了。現在邯鄲和大梁的距離，遠比王宮和大街間的距離來得遠，而議論我的人又不只三人，希望大王能夠明察才好。」

魏王聽了點點頭，說：「我自會明鑑。」

還有一個歷史上的例子，春秋末年，晉國有位名叫趙簡子的人，他是名很有作為的人物，日後更為趙國的建國奠定基礎。有次，趙簡子乘車上山遊獵，由於車子在崎嶇的羊腸小徑上難以爬行，所以同行的眾臣們都下來為他推車，每個人都推得汗流浹背，唯獨一位叫虎會的人臣，逕自悠閒地把戟扛在肩上，邊走邊哼著曲子。

趙簡子坐在車上，瞥他一眼，很不高興地說：「我上羊腸小徑，群臣們都來推車，唯獨你虎會不出力，可謂臣子欺侮君主，該當何罪？」

虎會說：「臣欺君，罪該死而又死。」

趙簡子問：「什麼叫死而又死？」

虎會說：「自己身死，妻子又死，這就叫死而又死。」話說到此，虎會話鋒一轉，緊接著對趙簡子說：「現在你已經知道臣欺君的應得之罪，那你是不是也想知道做君主的人輕慢臣下，又有何應得之罪呢？」

趙簡子不耐煩地說：「君主輕慢臣下，何罪之有？」

虎會說：「做君主的人輕慢臣下，久而久之必會有這樣的局面，好比有智慧的人不肯出謀劃策，而人無遠慮，必有近憂，國家自然就會滅亡；能言善辯者不肯做使臣，咫尺天涯，難通有無，就不能與鄰國通好；能征善戰的將才不肯破陣殺敵，將頹兵衰，弱肉強食，邊界就會遭到侵犯。由

此可見，君主輕慢了群臣，內政、外交、國防便無人出力，敗亡的局面就會隨之到來，那時便會國將不國了！」

虎會的話，驚得趙子簡全身汗濕，一棒打醒夢中人，連忙說：「好、好，說得好！」語畢，急忙下令群臣不要再推車上山，然後擺設酒席與群臣共同歡飲，而教他懂得愛臣之義的虎會，更理所當然地被奉為上賓。

Chapter 7

巧妙應答，
躲過對方的猛烈炮火

7-1　用事實來說話，讓自己站得住腳

　　面對他人的提問，應回答得有理有據，句句中肯不偏激，不管是多麼無聊的問題，或是多讓人氣憤的問題，回答時都應遵循一定的道理，如此才不會失了自己應有的氣度。當然，要想回答有道，就應做好準備工作，這樣在正式回答的時候，才能應付自如、游刃有餘。

　　在溝通的過程中，我們可能被問到任何問題，尤其是那些犀利的提問者，經常會問一些敏感、刁鑽古怪的問題，倘若沒有做好充分的準備，你可能會在提問者面前語塞，進而影響到自身形象。倘若真的不方便回答，可以善用生動、眾所周知的實例，從中引出一番能讓眾人領會和接受的道理，再以此類推，把這番道理運用於需要說明的論題，增加你說話的可信度和說服力。

　　哥倫布當時經過18年的準備後，成功越過大西洋、發現新大陸，如此偉大的創舉引起舉國歡騰，哥倫布也因而被人視為英雄、受到崇敬，但也有一些無視事實、否認真理的人想讓哥倫布難堪。

　　在某宴會上，就有人跳出來對著哥倫布嗆聲：「聽說你在大西洋的彼岸發現新大陸，但那有什麼了不起？任何人都能藉由航行到達大西洋彼岸，並發現新大陸，這是世上再簡單不過的事情，值得你這樣小題大作嗎？」面對小人的挑釁，哥倫布沒有直接給予回擊，他從容不迫地站起來，並從桌上拿起一顆雞蛋，對現場賓客說：「各位，這是一顆普通的雞

蛋，請問誰能將它立起來呢？」在座的賓客們一個接一個，試圖把雞蛋立起來，但輪了一圈後，還是沒人成功將雞蛋立起。這時大家異口同聲地說，這是不可能的事情，然而哥倫布接過雞蛋，輕輕地在蛋殼上敲出一個小洞，雞蛋便直挺挺地立在桌上，全場一片譁然，哥倫布轉身對大家說：「這不是世界上最簡單的事嗎？但你們卻說這是不可能辦到的，只要知道某件事情怎麼做之後，當然誰都能做到了。」

哥倫布以廣博的學識、機敏的思想、簡明的實例，迅速構成一個嚴密的類比推理，並明白指出一件事情未獲得驗證前，它可能是一件極為困難的事，但只要有人找到解決辦法，這件事就變得再簡單不過。

事實上，對待不同的人就要用不同的方法、態度去應對，因此當我們遇到爭論或挑釁時，也應針對事物的本質，用不同的方法加以解決，諸如哥倫布所遇到的情況，只會造成越辯越僵的爭端，還不如以簡單但極具說服力的例子，讓眾人心服口服。

你也可以透過引用他人的話，讓別人來替你說話，即使那些人不在現場也不要緊，例如有人問你產品是否耐用，你可以這樣回答：「我的鄰居已經用了三、四年，還不曾送修過，仍在使用。」鄰居為你做了最有效的回答，儘管他不在旁邊，也能讓對方信服、認同你的說詞。

溝通情境題

王先生是一位銷售經理，有天下屬小李來辦公室找他談話：「我在公司三年了……您看，是不是可以給我酌情加薪呢？」王

經理想了一會兒，說道：「小李，我知道你在公司已有些時日
了，平時的工作報告中，也提出許多值得參考的要點，但現在離
公司的薪資評估還有段時間，公司是有制度的，我不能因為你跟
我討論，我就向公司提出加薪申請。」

　「而且說實話，以你現在的業績表現，按照公司的薪資評估
標準，你可能還無法達標。現在離年底績效評估還有一段時間，
你可以再努力努力，多跑幾間客戶與我們簽長期合約，最近公司
剛推出新產品，我相信你一定能再做點業績出來，不妨拼一下，
這樣年底我也比較好替你爭取加薪。」

　　面對下屬提出的加薪請求，王經理巧妙地為他設定了一個較實際又有
意義的工作目標，聰明且不著痕跡地拒絕了他現階段的加薪請求。在整個
回答過程中，句句中肯、有建設性，清楚向他表明加薪要有實際的成績；
更重要的是，經理將負面的拒絕轉為正向激勵，讓加薪成為員工努力工
作，並取得更高成就的動力。那在現實談判中，我們該如何做到以事實說
話，回答得有理有據呢？

① 保持清晰的思路

　　在面對提問前，必須保證自己的思緒清楚，因為只有在思路清晰、思
維敏捷的情況下，才能對別人提出的問題進行及時且有效地回答。如果在
提問前，你的思緒還是一片混亂，那對方突然進行發問時，你可能會一下
子卡在那裡，造成難堪的局面，甚至有損你的形象。

② 不要馬上回答

對於一些問題，不一定要立即回答，尤其是那些可能暴露自己意圖、目的的話題，你更需要小心謹慎，比如對方問：「你們準備開價多少？」假如時機未到，就不要立即回答，先找一些藉口轉移話題或答非所問，如產品品質、交貨期限等，等時機到了再拋出答案。

③ 不給予肯定的答覆

模棱兩可、彈性較大的回答是必要的，因為有時針對問題的回答並非是最好的回答。我們在回答問題時，要明白什麼該說、什麼不該說，先不要考慮答覆是否正確，比如對方問：「你們打算買多少？」若先說出數量將不利於講價，所以你可以說：「這要根據情況而定，看你們能提供哪些超值優惠？」

④ 找藉口搪塞

在許多場合下，提問者會採取連環砲的方式提問，這對回答者非常不利，尤其是當對方有所準備時，會誘使我們落入其圈套，所以，要盡可能讓對方找不到繼續追問的話題和藉口。回答時，可以找一些客觀理由，比如：「我們交貨延期，是因為要辦理審核許可證……」不用如實說出發生什麼問題。

一般來說，我們在回答問題時主要有五個步驟，那就是：預見問題，早做準備；傾聽問題；確認對問題的理解；辨別問題的性質；認真回答問題。在這五個步驟中，牢牢掌握自己的主動權，把握好每一步，才能充分準備，巧妙地回答對方的問題。

7-2　順勢反問，把球丟回對方身上

　　在溝通過程中，除了自己向別人提問外，別人也同樣會向你提出一些問題，並非所有的問題都是友好的問題，且面對這類問題時，有些其實根本不需要回答。

　　相信很多人都有這樣的體會，別人對你提出了某個問題，你心裡明白自己應該拒絕，但可能因為某些考量，直接拒絕會破壞彼此之間的愉快氣氛，有損自己的形象；更不想因為拒絕回答，而使交談陷入困境，讓對方感到不快。

　　很多時候，直接拒絕所帶來的結果都是不好的，所以我們要學習運用一些正確且巧妙的拒絕方式，既達到不回答的目的，又不讓對方感到難堪，善用巧問，將難題返還給對方，自己得以逃脫出來。

　　如果有人故意向你提出十分尖銳、難以作答的問題時，你不妨用另一種方式將問題推給提問者，讓對方自己解答，也就是所謂的繞道回答。

　　有位私塾老師很喜歡在課堂上伏案打瞌睡，有名聰明的學生經常在他睡著時，拿蘆葦草搔他的鼻孔，好讓他醒來繼續上課，而每每他一醒來，就會聲稱自己是到夢中見古聖先賢了。

　　有次，那聰明的學生也不小心在課堂上打起瞌睡，老師心想這是報復的絕佳時機，便厲聲喝斥：「你怎麼也打瞌睡呀？」

　　學生回：「老師冤枉人，我是在學習呀！」

老師憤怒極了，厲聲喝道：「明明就在打瞌睡，還敢狡辯！」

學生答道：「真的，我也去見古聖先賢了，就像您夢見他們一樣。」

老師有意刁難，問道：「那古聖先賢給了你一些什麼訓示呀？」

學生從容回答：「我一見到古聖先賢，就問他們：『我的老師幾乎每天都來拜訪您們，您們給了他什麼開示呀？』古聖先賢回我：『你怎麼不去問問你的老師呢？』所以我現在就要問老師了，您一定知道吧？」這位學生巧用繞道回答法，揭穿了老師那刻意的刁難。

另外，你也可以試著用間接回答的方式來化解難題，間接回答指得就是回答者針對提問者某些敏感問題的詰問，用巧妙的語言進行類比回答。

有一次邱吉爾去美國訪問時，一位反對他的美國女議員對他說：「如果我是你的妻子，我會在你的咖啡裡下毒！」邱吉爾微微一笑，回答說：「如果我是妳的心上人，我會喝下那杯咖啡。」邱吉爾用揶揄的口吻，間接回擊女議員，比起直接回擊史有力度。

總之，對答要答得恰到好處，而回答要具備充足的道德修養和文化素質，還要掌握諸如上述的許多技巧，並具備靈活的應變能力，方能在各種場合中應付自如，對答如流。

一般反問有三種情況，一是回擊對方刁難、攻擊自己的話語；二是反駁對方的人品；三是駁斥對方話語中所提出來的建議。其目的在於將難題返還給對方，讓自己順利擺脫尷尬。

那該如何巧妙避開這些話題，又讓自己成功解脫尷尬的窘境呢？那無非就是透過反問，原封不動地將難題拋回給對方。其實，反問是用疑問的形式來表達確定的內容，運用反問能增強語勢，把原來肯定的意思表達得更鮮明、不容置疑，這樣的表達方式比正面答覆更能產生力量。

　　反問把答案寓於問句之中，表達的思想內容與句子的表面意思相反，如果語句表面意思是肯定的，那思想內容則是否定的；反之亦然。

① 將問題原封不動地拋回去

　　有時候，對方會問一些不知道該如何回答的問題，這時候，如果真的不知道該如何回答，不妨將這個問題原封不動地還給對方，比如對方會問：「聽說你們公司要倒了，這是真的嗎？」這時，你不妨回答：「我不清楚這件事情，你知道嗎？可以多跟我說說嘛！」將對方堵得啞口無言。

② 打太極

　　如果對方想問的是某些較敏感、隱私的問題，不妨打打太極，故意模糊對方的問題，轉移話題。比如對方問：「你一年收入大概多少？」你可以含糊地回答：「還夠我安排出國旅遊，大致開銷不成問題。」至於這趟旅遊的花費到底是多少，他更無從得知了。

③ 誘導對方自我否定

　　有時候，對方會提出一個不可思議的問題，而你又不知道該如何回答他，這時不妨誘導對方自我否定。比如拿破崙曾對自己的秘書說：「布里昂，你知道嗎？你也將永垂不朽了。」秘書不理解，拿破崙說：「你不是我的秘書嗎？」布里昂明白了，笑著反問：「請問，亞歷山大的秘書是誰？」如此反問，讓拿破崙否定自己先前的論斷。

　　反問是不需要回答的問題，答案就在問話之中，就是對問話的否定，當自己無法回答對方所提出的問題，使整個話題陷入窘迫的境地時，便可

以採取反駁式的回問，將問題拋回給對方，成功從窘境中解脫出來。

還有一種方式為「複雜問句法」，是指向說話對手提出一個虛假的問題，設置兩種答案讓對方挑選，不論對方如何作答，都會掉進自己的圈套，然後你就可以指出對方的謬誤，使其無言以辯。

美國前總統華盛頓年輕時，家中有匹馬被鄰人偷走了，華盛頓便找了一位警官陪同他到鄰人的農場索討，但那人口口聲聲說那是自己的馬。此時，華盛頓用雙手蒙住馬的雙眼，並對鄰人說：「如果這馬是你養的，那請你告訴我，馬的眼睛哪隻是瞎的？」鄰人說：「右眼。」華盛頓立刻放開蒙住右眼的手，然而馬的右眼其實相當正常，鄰人一看，急忙爭辯：「我說錯了，馬的左眼才是瞎的。」華盛頓又立即放開蒙住左眼的手，但馬的左眼也十分正常，沒想到鄰人此刻還想爭辯：「我又說錯了……」警官突然說：「是的，你錯了，我們已經證明這匹馬不是你的，請你立即把馬還給華盛頓先生！」

華盛頓在此處用了複雜問句，並從中暗設陷阱，從心理上來說，鄰人明明不知道馬的眼睛瞎不瞎，或哪一隻眼睛瞎，卻必須裝作十分清楚，不能不回答，但如果他要回答，一定會想臨時捕捉一些可供參考的因素，藉以增加「僥倖答對」的可能，所以華盛頓故意用了複雜問句：「馬的眼睛哪隻是瞎的？」這句話包含著一個假設，即肯定馬有一隻眼睛是瞎的，而無論對方回答哪一隻眼睛，都得先承認這個假設，沒想到偷馬賊不知自己中計，還自以為華盛頓在無意中向他透露了「馬有一隻眼睛瞎了」的真相，因而抱著一絲僥倖亂猜，最後落入對方設下的「陷阱」，不打自招。

7-3 冷處理的協調技巧

古希臘有一句俗諺：「聰明的人，借助經驗說話；更聰明的人，根據經驗不說話。」在與人交談的過程中，常會遇到談不攏的情況，這時適當的沉默能讓你增添不少說服力。當雙方談話不投機，你滔滔不絕地高談闊論，對方卻反應平淡、漫不經心，甚至是打哈欠，這就代表對方根本沒有聽進去，對你的言論不感興趣，這時你可以稍加停頓，給彼此一些空間。

沉默有時反而是最好的表達方式，有人曾說：「適時的沉默是智慧，勝過任何雄辯。」尤其是在交談中的沉默，有可能起到吸引對方注意力的效果。

在洛克斐勒（John Davison Rockefeller）年輕的時候，曾有位暴躁粗魯的人突然闖進他的辦公室，逕自走到辦公桌前，一拳打在他的桌面上，大聲咆嘯道：「我恨你！你這虛偽的東西，傷天害理的事情你從沒少做，我要告你！」對洛克斐勒謾罵了足足十分鐘。

辦公室外的人都聽得清清楚楚，討論著老闆會怎麼做，是否會拿東西砸他？或是請警衛將他趕出去？但洛克斐勒一點動作都沒有，他放下筆，溫和地看著眼前這位憤怒的男子，對方情緒越激動，他就越溫和。

那個人也對洛克斐勒的態度感到疑惑、摸不著頭緒，他的情緒漸漸平息下來，不再那麼咄咄逼人，等待著洛克斐勒的回應，洛克斐勒還是不發一語。男子的節奏完全被打亂，本來他是想和洛克斐勒決一死戰的，事前

演練過一切可能的對話，準備了相對應反駁的言詞，但不說話這情況他完全沒設想到，對方倘若一直不說話，他一直咆哮也達不到自己的訴求。

於是，他再次敲了敲桌面，但一樣無濟於事，他只好尷尬地站起來，緩慢的移動腳步，走出洛克斐勒的辦公室。男子離開後，洛克斐勒把注意力拉回公事，著手處理剛剛正在看的報表，沒有再提起這件事。

洛克斐勒以沉默做出回應，甚至溫和地看著那暴跳如雷的男子，而那憤怒的男子萬萬沒想到情況會是這樣的，他還在心中演練過多種情況，唯獨沒有設想到沉默，一點辦法都沒有，最後悻悻然離去；同理，在生活中也是一樣的，善用「不說話」來打擊別人的怒火，遠比劍拔弩張、針鋒相對還來得有效。

溝通情境題

有位作家不僅文筆很好，也相當善於說話、辯才無礙，每每在演講場合，如果有其他人在台上發言，台下必定是鬧哄哄，但只要他站在台上說話，全場瞬間鴉雀無聲，安靜得連根針掉在地上都聽得一清二楚。

某次，他受邀出席一場演講，原未排定上台，卻突然被主辦單位請上台致詞，但他在台上卻不發一語，等全場都安靜下來後，才不急不徐地開口說道：「剛才是哪些人這麼吵呀！請克制一下吧！」聽眾聞言，注意力隨即放在他的身上，全場的人不再私下交談。

這位作家很懂得看場合行事，若是台下聽眾大聲喧嘩、吵鬧，他就會故意將音量放低，或故意不出聲，讓聽眾在意「他到底在說些什麼」或「他為什麼不說話」，將注意力投射在台上。像有些人在演講時，只要台下聽眾喧嚷，他們便會說得更大聲，可即便說得口沫橫飛，聽眾也一樣聊自己的、無動於衷。

上述這種情況，在日常生活中也是一樣的，雙方交談時若一方拼命高談闊論，但對方卻毫無反應，甚至做自己的事情，一副愛聽不聽的樣子，你越拼命地說，越得不到成效，這時你便可以冷處理，用沉默來因應，讓對方居於下風，促使他聽你說話；倘若你不改變方式，對方就會一直把你的話當耳邊風，互動相當冷淡。

① 沉默能緩解矛盾

人們一旦與別人相對而坐，便會習慣性地認為交談即將開始，因而難以集中注意力，即使一開始十分認真聆聽，但只要對方開始覺得話題沒什麼起伏、索然無味，就會開始分散注意力，所以，在恰當的時候沉默，能使對方集中注意力，有效達到「不說話」化解矛盾的目的。

② 沉默會讓對方更快消氣

有時候我們會陷入這樣的局面，無緣無故受到對方的指責，甚至謾罵。這時我們若選擇反駁，免不了一場口舌之戰；但聰明的人會選擇沉默，任對方發洩，以避免一場衝突。當沒有人去回應他的情緒時，他的憤

怒也維持不了多久，怒氣就會煙消雲散，不需多說一句話，就可以輕易化解衝突。

　　有時當你面對無法回答的問題，或無法忽略、進行冷處理時，也可以來個無效回答，用沒有實際意義的話，去做非實質性的回答，就叫「無效回答」，它包含「有效性無效回答」和「純無效回答」兩種，前者從表面上看，回答者不直接回答問題，可實際上卻隱含很深的內涵，需要對方自行去領悟；後者即從回答者的答覆中，找不出任何答案，而這多半是因為回答者不好作答。

　　慷慨陳詞、情緒激昂地陳述己見，固然能從氣勢上壓倒對方，但如果對方同樣氣勢高昂、咄咄逼人時，針鋒相對就很容易演變成爭吵，這時你可以採取「鈍」一點的戰術──裝聾作啞。

　　但凡能言善道的人，不僅能言善辯，也善於掌握自己感情的開關，且更能妥善控制說話時的情感，使對方的情緒受到自己左右，其中，情感的「冷處理」就是重要的方法之一，以下列舉實例加以說明。

　　法國總統候選人的電視辯論會上，現任總統密特朗的競爭對手是前任總理，因此辯論時，無論對方說什麼，密特朗總是微笑以對地說：「是的，總理先生。」由於他以總統的身分和姿態與對手論辯，致使他的對手再怎麼無可奈何，也只能任由他控制場上的氣氛，最後密特朗大獲全勝，連任法國總統，而他所用的正是「冷處理法」，此法在辯論中除了有很大的功用外，也同時是一種心理戰術。

　　再舉一例子，第一次世界大戰後，土耳其靠自己的力量打敗了甘願當英國附庸的希臘，走上獨立的道路，而英國為鞏固自己的勢力範圍，準備嚴懲土耳其，於是英方集結法、美、義、日、俄、希臘等國的代表，於洛

桑與土耳其代表談判，企圖脅迫土耳其簽訂不平等條約。

英國派出的代表是柯尊，他的身材魁梧、聲如洪鐘，是位名震世界的外交家，而土耳其的代表伊斯美，不僅身材矮小，耳朵還有些耳背，更別說在國際之間，甚至在土耳其國內都沒沒無聞。

在談判桌上，柯尊非常輕視伊斯美，態度十分傲慢、囂張，當然其他國家的代表也盛氣凌人，但伊斯美全程態度從容、氣定神閒、毫無懼色，特別是他的耳背發揮了特殊作用，換句話說，凡是對土耳其有利的發言，他全聽到了，不利的話他則全當作沒聽見。

正當伊斯美提出維護土耳其權利的條件時，柯尊大發雷霆、揮拳吼叫、咆哮如雷，甚至不斷恫嚇、威脅伊斯美，其他各國代表也氣勢洶洶地圍著伊斯美，但伊斯美卻恍若未聞，表現得相當冷靜、沉穩，直到柯尊等人叫囂完，他才不慌不忙地將身子轉向柯尊，溫和地說：「你剛才說什麼？我還沒聽清楚呢！」氣得柯尊等人直翻白眼，半晌說不出話來。

伊斯美巧妙利用自己耳背的缺陷，既不與各國代表正面交鋒，也不以犀利言詞交相論辯，只是裝聾作啞地大玩心理戰，並維護、堅守著土耳其的利益。經過三個月的努力，土耳其終於在談判桌上取得勝利，由此可見，「裝聾作啞」在談判、交涉的過程中是種軟性策略，只要你不動聲色、大智若愚、伺機而動，最後必能克敵致勝。

7-4 失言時的處理辦法

　　俗話說：「人有失足，馬有失蹄。」人與人交流的過程中，就算是名嘴、發言人，都免不了發生言語失誤的狀況，更何況是一般人呢？雖然其中原因有別，但結果卻是相似的，無非是談判破局或是貽笑大方，有時甚至把雙方關係變得緊張。

　　溝通經驗不足的人，碰到這種情況往往會懊惱不已、心慌意亂，導致接下來的情況更為糟糕，但如果我們能換個角度想，將錯就錯、借題發揮，把錯話說「圓」，就可以巧妙擺脫窘境。

　　說錯話時，首要任務便是將情況穩定下來，所以你一定要保持鎮定、處變不驚，才利於大腦快速思考如何彌補口誤。倘若在生活中，真的遇到失言的情況，筆者提供以下四個補救小技巧供大家參考。

① 改義法

　　這種方法就是在錯話出口後，巧妙地將錯話接續下去，最後達到糾正的目的。其高妙之處在於，講者能不動聲色地改變說話情境，使聽者不由自主地轉移原先思路，順著自己的思維走，隨著自己的語言表達而產生情感波動。以下試舉案例參考。

　　在一場婚宴上，來賓爭先恐後地給予新人祝福，有位女士激動地站起來說道：「走過了戀愛，現踏上婚姻的漫漫旅途，你們好比一輛舊機

車……」其實她本想說「新機車」，但一時口誤，引起全場譁然。

聽到這話的新人更是不滿，心中的不悅全表現在臉上，因為他們先前都有過一段婚姻，各自離異、歷經波折後，才得以終成眷屬，認為剛剛的言詞隱含著譏諷之意。女士驚覺自己出錯後，連忙住口，但話既已說出口，若硬轉過來，反而顯得虛假，她馬上讓自己冷靜下來，不慌不忙地說：「你們現在就好比在一台舊機車上裝了新的發動機。」繼續說道：「願你們以甜美的愛情作為潤滑油，朝幸福美滿的生活奔馳而去。」餐廳全場掌聲雷動。

② 引申法

迅速將錯誤言辭引開，避免不斷在錯誤中繞胡同，比如可以接著那句說錯的話：「我剛才那句話，還應作些補充……」然後根據當時的情境，作出相應的發揮，將錯誤補救回來。以下試舉案例參考。

一次，某知名節目主持人小珍，應邀主持京劇團的建團慶典，由於行程過於倉促，小珍未趕上彩排，一抵達會場便直接上台，因而不小心口誤道：「現在我很榮幸地向各位介紹京劇團的重量級指導老師——南新燕小姐。」這時台下有位白髮蒼蒼的老教授緩緩站起來，主持人口中的小姐竟變成了老人，全場沉寂幾秒後瞬間哄堂大笑。

小珍感到萬分尷尬，但幸虧她經驗豐富，馬上說道：「抱歉，我這是望文生義了，南教授的名字實在太有詩意了，當初一看到南新燕三個字，我腦中馬上浮現詩句：『舊時王謝堂前燕，飛入尋常百姓家。』這南飛的新燕是一幅多麼美麗的圖畫啊！」小珍話才說完，台下又給予她熱烈的掌聲，相當佩服她當下的臨機應變。

③　移植法

　　這種方法就是把錯話移植到他人頭上，比如說：「這是某些人的觀點，我認為正確的說法應該是……」把自己不小心說出口的錯誤糾正過來，對方內心可能會狐疑，但無法認定是你說錯了。以下試舉案例參考。

　　趙峰碩士畢業後，在台北找到一個很不錯的工作。一次，趙峰和小劉一起去吃飯，在吃飯的過程中，兩人閒聊到台北的交通情況，身為台北人的趙峰隨口發表評論：「台北這幾年交通惡化，實在是因為太多從外地來的人，不論是工作還是求學，各式各樣的人都有，我認為一般大學畢業的人，根本不用給他們多餘的機會。」

　　語畢，他立刻想到小劉就是一般大學畢業，從台中到台北工作的，於是連忙說道：「當然，這是少數人的說法，這種說法太片面了，任何學校都有優秀的畢業生，而台北市的建設與發展也多虧大家共同的努力。」

④　轉移法

　　說錯話，要學會巧妙轉移話題，分散別人的注意力，化解尷尬場面。比如用幽默或玩笑的方式轉移目標，把緊張的話題變成輕鬆的玩笑，也可以巧妙地運用「挪移」手法，將別人的注意力吸引到其他方面。以下試舉案例參考。

　　一名老師說話帶有台灣國語，有次上課時，講授到某一問題要舉例說明，結果不小心將「我打四個比方」說成「我打四個屁放」，教室裡像炸了鍋一樣，學生哄堂大笑，這時老師靈機一動，馬上做出一首打油詩：「四個屁放，大出洋相，各位同學，莫學我樣，早日練好國語，年輕瀟灑又漂亮。」這位老師的機智幽默，贏得學生的熱烈掌聲。

在社交場合中，發生口誤在所難免，此時不管是一昧發窘還是拼命掩飾，都可能導致事情變得更為糟糕，這時要穩住心神，使用這四個小技巧為基點，積極尋找適當的補救方法，考驗一個人的臨場應變能力，而應變能力是以人生經驗為基礎，唯有多次實踐並總結，才能變得更為老練。

7-5 若遇出言不遜者，該如何回擊？

　　平時在與人溝通時，難免遇到一些驕傲自大者的譏笑和嘲諷，而我們為了捍衛自己的尊嚴，就要採取一定的應對措施進行反駁，讓取笑者折服，不敢再瞧不起自己，這樣不僅能化解尷尬，還能讓一心想看我們笑話的人處於窘迫的境地，而自食其果、自取其辱。

溝通情境題

　　有位農夫騎著毛驢進城趕集，路邊有一水果攤，當時正巧有位年輕人在攤子前吃西瓜，那年輕人看到農夫，大聲吆喝道：「喂！天氣這麼熱，要不停下來休息一會兒，過來一塊兒吃西瓜吧，我請客！」

　　農夫與這名年輕人素不相識，但基於禮貌，客氣地回答：「謝謝你的好意，我還要忙著趕路呢，西瓜就不吃了。」誰知那年輕人聽到，竟斜著眼、怪腔怪調地說：「天啊老先生，我是在問那頭驢呢，你搭哪門子腔呢？」農夫聽了十分生氣，隨即跳下驢，然後往驢的臉上連賞幾巴掌，邊打邊罵：「你這頭愛撒謊的驢，出門的時候我還問你城裡有男朋友嗎？你說沒有，如果你真

沒有男朋友，現在怎麼會有人請你吃西瓜呢？」年輕人聽到農夫的話，整張臉都綠了，自覺面子掛不住，灰溜溜地趕緊往另一個方向離去。

　　年輕人本想用驢來取笑那位農夫，但沒想到最後自己竟變成驢的「男朋友」，落個自取其辱，面子不知該往哪擺。面對別人的捉弄和取笑，我們既不能默不作聲，又不能因為憤怒而喪失理智，應該選擇正確的方法進行有利反擊，下面提供幾個行之有效的方法，讓各位讀者參考。

1 反唇相譏

　　反唇相譏絕不是簡單地以牙還牙，而是要在別人說出侮辱性的話語時，抓住對方的一句話或一個詞語、一個比喻的漏洞，藉由對方語言邏輯的錯誤，將一些侮辱和諷刺性的話反贈回去，讓他無法推辭、啞口無言，搬起石頭砸自己腳。

2 揚長避短

　　由於取笑別人的人都有一種先發制人的優勢，被取笑者一開始都會處於不利的地位，在這時候，你就要充分發揮自己的長處，去攻擊對方的短處，將劣勢轉化為優勢，化被動為主動，讓取笑你的人處於下風。

　　1984年，73歲的雷根參加總統競選時，他的對手嘲笑他老態龍鍾，無法有多大的作為，但雷根卻幽默應對道：「我之所以對總統大選充滿信心，便是因為我的競爭對手太年輕、沒有太多經驗。」

這一巧妙的反駁，將年齡大和經驗多聯繫在一起，消除了年紀可能帶來的不利局面，也因此讓對手的嘲諷失去立足之地。

③ 先冒犯，再狡辯

有時候我們會遇到一些地位較高者的捉弄與嘲笑，在這種兩者地位不相稱的時候，你可以考慮先硬碰硬一次，之後再以花言巧語來辯解，既維護了個人尊嚴，又讓對方覺察自己的錯誤，從而改變對你的態度。但在一般情況下，狡辯會令人反感，所以這種形式通常在不得已的情況下才會採用。

在戰國時期，顏斶前往拜見齊宣王，而齊宣王為滅滅他的威風，就坐在大殿上用倨傲嘲笑的姿態看著他，並用呼喚寵物的語氣說道：「斶，走過來！」齊宣王的態度非常無禮，顏斶感到十分尷尬、不舒服，為了捍衛自己的尊嚴，他也學著齊宣王的口氣說：「王，走過來！」

齊宣王聽了怒不可遏，對著顏斶喝斥：「寡人是君，你是臣，你有資格這麼叫我走過去嗎？」

顏斶辯道：「說起道理應該這樣，因為如果我真的走過去，那是仰慕王的勢利，而我叫王走過來，是讓王表示他趨奉賢士。可是與其叫我做仰慕勢利的事，還不如讓王做趨奉賢人的君主好啊！」齊宣王聽後覺得有道理，也明白自己的錯誤為何，就親自走下殿來，邀請顏斶上座。

當我們面對別人的嘲諷時，如果生氣以對，不僅不利於事情的解決，還可能落入別人預設的圈套之中，更危害到自己的形象；倘若我們選擇躲避和忍讓，反讓對方覺得你是個軟弱可欺之人，從而變本加厲地嘲笑、捉

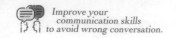

弄你，所以，我們要運用正確的語言回擊，讓對方摸得一鼻子灰。

在與人對談時，面對他人的發問，有時也可以將對方的語序略微顛倒一下，轉化為一個與原來語意截然相反的應答詞，從而收到幽默含蓄的諷刺效果。與各位分享一個幽默小故事。

窮人：「先生你好，今天出來得真早啊！」

富人：「我出來散散步，看能否有胃口對付早餐，你呢？」

窮人：「我出來轉轉，看看能否有早餐來對付胃口。」

窮人本是出於禮貌向富人打招呼，不料富人這般盛氣凌人，而窮人卻能立即幽默地答覆，把富人的話稍加顛倒一下，反面出擊，給予這高傲的富人極度地諷刺。有時為了取得某種效果，我們也可以把句子中的字、詞，調換順序或改變用法，好比說……

一位知名漫畫家到酒廠參觀，酒廠負責人上前接待，說道：「歡迎歡迎，真是久聞老師大名啊！」漫畫家笑著回：「我是大聞酒名啊！」將詞的順序調動，巧妙利用「久」與「酒」的諧音，說出這句幽默的妙語，瞬間拉近雙方的距離。

德國前首相俾斯麥有次在參加舞會時，頻頻讚美身邊的舞伴美若天仙，可那位女士說：「我才不相信你說的話，你們政治家的話從來都不可信。」俾斯麥問她為什麼，女士解釋：「很簡單，當政治家說『是』的時候，意思是可能，而說可能時，他心想的是不行，因為如果直接說出不行，那他也不足以成為政治家了」

「夫人，您說得完全正確。」俾斯麥說，「這是我們職業上的特點，

所以我們不得不這樣做，但你們女人卻正好相反。」女士反過來問他為什麼，俾斯麥說：「很簡單，當女人說不行時，意思其實是可能，而說可能時，意思就是『是的』，若此時真的說出是，那她就不是女人了。」

俾斯麥的這段回答，運用了「倒置語序」的方法，而這種方法通常是將對方的言詞變通使用，並在一定的條件下，將原先正常人物關係、事物的主次本末、先後尊卑等互換位置，從而變化出人們意想不到的新語意，更產生富有戲劇感的幽默效果。可見，當我們要反駁他人不正確或過於刻薄的言論時，換個方式便能化解，不一定要針鋒相對。

Chapter 8

如何拒絕不得罪人？

8-1　說「不」是每個人都有的權利

　　生活中，有很多人都不好意思表示拒絕，更不懂得跟他人說「不」，因為他們認為拒絕會使另一方傷心，因而心懷愧疚，尤其是對現在很多年輕人來說，他們更不願意說「不」。其實說「不」是每個人的權利，不管是在心有餘而力不足，還是在有能力幫助別人，卻不願意說明的情況下，都可以坦然地向他人說「不」。

　　我們每天都有機會和各式各樣的人打交道，但不論你的交際手腕多麼厲害，也絕不可能滿足所有人的需求，所以學習如何拒絕，也是溝通中相當重要的一環。

　　當他人提出無法、令人難以接受的要求時，如果直截了當地拒絕，只怕會傷了彼此的和氣，但不拒絕又不行，這時如何巧妙拒絕又不得罪人，還能獲得對方諒解，就成了一門你必須掌握的溝通技巧。

　　如果想拒絕別人，一時間又想不出好理由時，善用拖延戰術便是有效且正確的策略，拖延的具體方法有兩種，一是借他人之口加以拒絕，也就是要拒絕、制止或反對對方的某些要求與行為時，可以假托非個人的原因為藉口，用「軟性」說話的技巧，把責任推給別人，這樣對方通常較易於接受你的拒絕，好比說這麼做……

　　小王在自行車店上班，一天，他的朋友前來購買自行車，但看遍店內陳列的所有車子後，沒有一台讓他滿意，所以朋友要求小王帶他到倉庫看

看，說不定能看到自己喜歡的新款式，但倉庫豈是外人可以隨便進入的，而且店內又只有他一人值班，根本走不開。

小王平時是不太懂得拒絕的人，在兩難的情況下，他靈機一動，說道：「前幾天經理嚴格規定不准任何顧客進入倉庫。」儘管朋友心中有些許不滿，但也比直接聽到「不行」，心中來得舒坦些。

還有一個辦法是慢慢拖延時間，舉例來說，小張得知小周店內在出清電視，所以趕忙到他店裡買一台液晶電視，但小周示意小張看看正在排隊的顧客，然後對他說：「今天看來不行喔！下次吧！等人少一些我再好好幫你介紹。」

你也可以將上述兩種方法結合起來運用，筆者就曾遇過一個例子，某企業的職員向HR部門申請職務調動，但負責HR部門的主管心裡明白現階段根本無法異動，但他並沒有馬上回答「不可能」，反而說：「這個問題涉及好幾個人，我無法單方面做決定，我會把你的申請往上呈報，讓公司高層討論一下，過幾天再給你答覆好嗎？」

這樣的回答方式，能讓對方瞬間明白調動職務不是一件簡單的事情，且最重要的是，這種回答方式一來可以讓對方不再要求外，二來在情面上也比當場拒絕要好得多。

有時對方提出的要求並非無理取鬧，在某程度上來說也算合理，但礙於現實因素無法予以對方滿意的答案，所以拒絕時言詞要盡可能委婉，並給予安慰，使其在精神上得到一些滿足，以減少因拒絕而產生的不快和失望。

因此，在語言策略上，你可以採用「先肯定後否定」的形式，意即在話語中隱藏著強硬意思，但詞句一定要委婉，給對方留有餘地，尤其是那

些有一定身分地位或自尊心很強的人。

　　某公司經理對一間工廠廠長說：「我們兩家來異業結盟，你看怎麼樣？」廠長回答：「這個想法很不錯，我也很贊同，只是目前條件還不夠成熟。」這樣不僅成功婉拒對方，也給自己留了條後路。

　　直接拒絕怕傷情面，但說清楚原因又要費很多唇舌，其實很多道理對方都懂，根本無需多說，這時不妨採用先前的拖延戰術，再加上適當的肢體語言（態度溫和婉轉），這也是個不錯的方法。

　　此外，在某些場合對於他人的問題，不管做出怎樣的回答都對己不利時，你可以先禮貌性地回答：「這個問題已經超出我的權限，我必須回去請示上級。」、「這個問題問得很專業，不過牽涉到其他部門，我需要回去和同事商量一下。」你也可以佯裝沒有聽見，不做任何表示，這也是一種行之有效的方法，或引薦更適合的人，將球拋給有能力處理的人。

　　這些較不需費時卻又能針對問題的舉手之勞，能改變對方接收到拒絕時的態度，雖然我們最終都是在拒絕別人，但在給予一定尊重與誠意，並針對問題展現關切的情況下，比起直接拒絕，這樣的處理方式能讓我們在對話中擁有更多的主導權，拒絕時也較不會心生愧疚，能在評估問題後，自信且圓融地向對方說不，創造雙贏。

8-2　無法拒絕，試著轉移話題

　　轉移話題，就是用巧妙的語言，將話題鋒芒轉到其他地方，從而使自己擺脫窘困，重新握有溝通的主控權。這就跟人不可能十全十美一樣，再聰慧的人，也會遇到難以回答的問題，但很多時候我們卻不能直接拒絕對方，那要怎麼做才能擺脫談話的僵局呢？

　　我想，最好的辦法莫過於轉移話題了！你可以在無法招架的時候，顧左右而言他，這樣既不會因為拒絕而得罪人，也能保住自己的面子，是一個非常實用的方法。

溝通情境題

　　某次，阿偉前去參加朋友聚會，大夥天南地北地聊開了，十分熱絡。但不知是誰突然起鬨：「聽說阿偉交了新女朋友，大家快問問他女朋友是個怎麼樣的女生。」這句話提起大家的興趣，眾人鼓譟起來，紛紛拿阿偉打趣，問他是在哪裡認識對方的……等等問題。

　　阿偉個性本就害羞內向，自然不願告訴大家這麼私人的事情，可大家聚在一起正聊得開心，哪裡顧得了這麼多呢？你一言

我一語，問得阿偉完全招架不住，心想一定要把問題岔開才行，不然根本沒完沒了。

　　這時阿偉說道：「我交女友算什麼？實在沒什麼好討論的，你們別光問我，人家大寶也剛交了一位女朋友，我聽說這可是大寶第一次談戀愛呢！」大家一聽這是大寶第一次談戀愛，眼睛都亮了起來，紛紛將矛頭對準大寶，準備好好調侃他一番。

　　面對眾人的疑問，大寶一一回答：「是朋友介紹的，我那個朋友真是讓我佩服的五體投地……」大寶把他那位朋友說得好不偉大，在場的人都相當好奇這位朋友的來歷，沒有人再提到阿偉交女友這件事情。

　　無論在何種環境中生活，我們都可能碰上無法解決的難題，如果不回答，顯得自己不禮貌，但直接回答的話，又不大方便、兩面為難，所以才說「拒絕是門藝術」，我們該學習如何妥善處理。

　　根據筆者的經驗，不輕鬆的問題就要用輕鬆的方式來解決，而轉移話題便是一種輕鬆的方式，那你可能會問：「該如何轉移話題呢？」以下幾點供各位讀者參考。

① 弄清對方意圖

　　在轉移話題前，先試探對方的真實意圖與心理為何？所謂未聞其言而盡知其意，只有清楚了對方的心思，才知道該在哪些節點上轉移話題。

② 自然而然的轉移

　　使用轉移話題法的溝通技巧和方法要自然，既不要糾纏於雙方爭執的問題，也不宜不著邊際、離題萬里，應圍繞著預訂的溝通目標打轉，由彼及此、由遠而近，漸入佳境。

③ 請君入甕

　　所謂「請君入甕」，是根據對方的看法和觀點來設置一個問題，引導對方自相矛盾，最後再用他自己說的話，來否定對方的觀點，從而達到拒絕、轉移注意力的目的。

④ 學會「先聲奪人」

　　要想轉移話題，你可以學著「先聲奪人」，在話題尚未完全展開之前，就把自己想說的話插進去，引導對方跟著你的思緒走，充分展示你的主動權，讓你隨時都能控制話題。

⑤ 新話題吸引力要大

　　用來轉移話題的新話題，它本身的新奇性和對方的需求性，都要大大地超過原來的話題，才能收到良好的效果；新話題刺激強度愈大，對原先的話題淡化愈快，岔題愈容易成功。

　　轉移話題時要注意的問題還有許多，你不能轉得太生硬、直接，不然別人會誤以為你這個人不好相處，過於自我，所以轉移話題時一定要注意保持其自然性，再好好展現自己的口才。

8-3 拒絕時應遵循的法則

　　常說「拒絕是門學問」，這話一點兒也不誇張，畢竟誰都不願意遭到別人的拒絕，但在很多情況下，拒絕其實可算是對他人的一種尊重，是為事情找到更好的解決辦法。所以，我們無論如何都要謹慎看待拒絕這件事，遵循一定的原則去拒絕，把任何可能產生的不快和困擾降到最低。

溝通情境題

　　家住高雄的韓先生計畫週末開車到台北辦事，途中會經過台中，所以朋友託他幫忙買太陽餅。其實這是一件小事情，但有一點讓韓先生稍加感到煩惱，他到台北雖然會經過台中，可他是在高速公路「路過」，現在卻要特地進入台中市區，更何況他對台中的路並不熟悉，本想拒絕，但對方一再拜託，若他還執意拒絕，實在說不過去，只好答應對方的請求。

　　到了台中後，由於韓先生對當地實在不熟，導航也導錯方向，浪費了近1個小時才買到太陽餅，然後趕緊驅車前往台北，但因為在台中耽擱太長時間，抵達時已近傍晚，計畫趕不上變化，只好在台北待上一晚，隔天一早才順利將事情辦完。

其實韓先生在接受好友的請求時，就已經註定是這樣的結局，因為這個忙實在不適合去幫，相當吃力不討好。而這種「事與願違」的經歷，偏偏又經常在我們周遭的工作生活中發生，如果想避免類似的情況，最簡單的方法就是懂得拒絕別人。再跟讀者們分享一則案例。

溝通情境題

　　上級指派阿文處理一件相當重要的工作，但要完成這項工作，必須和一位懂得核算成本的人合作才行，阿文想到跟自己交情不錯的同事小真，於是邀請她一同參與這個項目；不巧的是，小真現在手上有好幾件案子要處理，其中還有一件較為急迫，分身乏術的她根本無法幫上阿文的忙。

　　小真又怕阿文不開心，於是恭維地說道：「你這麼有能力，這個項目對你來說肯定很簡單，就不用我出馬了，而且我手邊正好有些案子卡在一起，實在是心有餘而力不足，我相信憑你一己之力一定能完成。」

　　雖然小真是在誇獎阿文，並試圖婉拒對方的邀請，但阿文聽到後卻一點也不高興，反而心想：「我有什麼能力？我就是不懂核算成本，才會來找你幫忙，現在是反過來諷刺我嗎？」

小真本想利用讚美，來緩解拒絕對方可能引起的不滿情緒，結果使用

不當，反而讓對方覺得是在花言巧語，把事情變得更糟，弄巧成拙。因此，與其給人這樣的感覺，倒不如大大方方地說明白，明確拒絕對方並表示歉意，這樣效果可能更好一些。

假如發生類似的情況，你實在無法幫上忙，不妨這樣回答：「阿文，真的很感謝你邀請我加入，不過我最近手邊的事情比較多，有很多資料要核算，快忙不過來，所以我恐怕是無法加入了。」

正確地向別人說「不」，有著一定的難度，我們要懂得尋找時機，巧妙地拒絕對方，才能維護自己辛苦建立起來的人際關係，並保證自己有足夠的時間、精力，去完成自己的計畫。所以，我們要謹記幾項拒絕的原則，讓拒絕變得更易於接受。

① 替拒絕找一個理由

拒絕，其實是一種變相的辯論，別人會想方設法地說服你接受他的請求，所以我們要做的就是利用各種方式拒絕。若要讓對方心服口服地接受拒絕，須秉持的第一原則就是說出一個「值得信服的理由」。當然，即使沒有理由，我們也可以拒絕別人，但直接拒絕可能會使對方感到不悅，這不是一個維持彼此情誼的好方法。

② 拒絕的態度要大方、明確

假如你對對方說：「這個問題我幫不上忙」、「我認為這個問題有些難度」，這兩句話同樣是在表達拒絕，但後者很容易讓人誤解為你答應要協助他。這種模稜兩可的回答很容易造成誤會，與其讓對方抱持著不切實際的空想，不如一開始就狠心拒絕，讓他趕緊去找其他更好的解決方法。

③ 拒絕後不做過多解釋

　　有的人在拒絕別人後，會因為覺得良心不安，為自己找一堆冠冕堂皇的理由，像這種畫蛇添足的行為，反會讓對方覺得你是在藉故推託。其實我們大可不必覺得內心愧疚，你可以在旁積極幫助、想辦法解決，或直接了當地告訴對方自己的難處，適當表示抱歉即可。

　　拒絕，雖然是為了維護我們自己的權益，但我們也要盡量照顧到對方的感受，降低「拒絕」可能帶給對方的傷害，比如適當地利用幽默感來緩和氣氛，讓對方在歡愉的氛圍下接受拒絕。

8-4　溫柔平和地拒絕，絕對比尖酸刻薄佳

　　拒絕本就是件令人難以接受的事，倘若拒絕他人時，你還聲色俱厲、義正言辭，很容易使人陷入難堪的尷尬之中，無法平心靜氣地接受。所謂有理不在聲高，我們在拒絕他人時，完全沒有必要提高嗓門，更無須言辭犀利苛刻，所謂得饒人處且饒人，與其在拒絕時得罪他人，不如委婉地拒絕他人。

　　向別人說「不」，可能是你最感到頭痛的問題，假如你的反對不得要領，只能硬著頭皮說「不」字，可能引起別人的不滿，甚至懷恨在心、仇視你，而你當然也不願看到這種局面發生，那有沒有什麼辦法能避免這些多餘的困擾呢？其實反對他人也是有秘訣的，只要反對得當，對方便會心悅誠服，也就是說，你必須具備婉言反對的本領。

　　美國一間貿易公司老闆自行設計了一個企業商標，他開會徵求各部門的意見，老闆先進行講解：「這個商標的主題是旭日，象徵希望和光明，同時，這個旭日很像日本的國徽，也能同時吸引日本客群，他們一定會樂於購買我們的產品。」話說完後，老闆開始徵求各部門主管的意見。

　　營業部和廣告部主管都極力恭維經理的構想正確，不過輪到出口部時，得到的答案卻不一樣了。出口部主管因家中有些事情臨時請假，由助理代為出席這場會議，輪到這名助理發表看法時，說道：「我並不這樣認為。」大家全驚訝地瞪著眼看著他和老闆。

「怎麼？你不喜歡這個設計嗎？」老闆問。

「我倒不是不喜歡這個商標。」助理勇敢地回答，雖然從藝術觀點來看，他自己確實有點討厭那個紅圈圈，但他明白若和老闆討論各自的審美觀可能導致情況變糟，說道：「我是怕它太好了。」

老闆一聽，笑著說：「這話怎麼說？你解釋看看。」

「這個商標設計得鮮明、生動又自然，而且正因為與日本的國徽相似，我想無論哪個日本人都會喜歡的。」

「是啊，這就是我設計的初衷。」老闆開始有點不耐煩地說。

「但我們公司還有重要的中國市場要開發，試想，若中國人看到這個商標，是不是也同樣會聯想到日本呢？我們的商標或許討好了日本人，但對中國人來說未必會充滿好感。也就是說，他們可能因為商標的設計，而不願意購買我們的產品，那這樣我們就別想開發中國市場了。按照公司的拓展目標，我們要維護的不只有束亞市場，更是「大中華」市場，所以這樣的商標，很有可能讓我們顧此失彼。」

「啊！我怎麼沒有想到這一點呢，你說得對極了！」老闆幾乎是大叫地喊了出來。

可見，當你要向一個人表示反對意見時，你必須要有充分的理由，更要說得對方完全信服，不能完全不講究說話技巧，就好比那位年輕職員在說「不」的時候，先委婉地用一句「我是怕它太好了」，藉以平撫老闆的不悅，同時也不會讓他面子掛不住，即使他之後再陳述反對理由時，老闆也不會因此覺得難堪。

當你要反對別人時，請記得委婉表達，「先求同，再求己意」，不要損及他人自尊心，或使人感覺不悅與難堪。因此，最好的結果就是，你雖

然反對了他，可是依然要讓他感覺自滿和得意，所以在學習婉拒的方法時，請注意以下原則。

🦋 你應該向對方解釋自己反對的理由。

🦋 反對的言詞最好用堅決果斷的暗示，不過不可含義不清。

🦋 不要把責任推到對方身上，或含糊其辭。

🦋 請注意不要傷害他人自尊心，要讓對方明白你是萬不得已才反對，為此感到抱歉。

心理學家曾研究證實，人與人之間的情緒是會互相感染的，尤其是有一方的情緒較歇斯底里時，另一方就算本來心平氣和，也難免會馬上受到影響，變得心浮氣躁。

由此可見，良好交流的基礎就是保持愉悅的情緒，這樣才能心平氣和地進行交流，使交流變得更加和諧融洽。

8-5 幽默應對，得體又不失他人顏面

　　幽默是最生動的語言表現手法，與幽默的人相處、談話是非常有趣的事，如果你常與人發生爭執，或各有堅持的意見時，幽默可以緩和氣氛，化干戈為玉帛。

　　用長篇大論說服一個人，有時效果不彰，如果能在談笑之間，利用幽默感讓對方改變，也是一個不錯的方法。人際專家曾說：「幽默是以輕鬆的笑，來應對某些嚴肅的概念。」林肯說：「依我們經驗來看，在向一般人說明或解釋問題時，幽默說笑的方式比其他的方法更易於被人接受。」幽默智慧的口才可說是人際折衝的最佳利器，而塞涅卡曾寫道：「化解衝突的最佳良藥，就是含有幽默成分的機智。」

　　當時第二次世界大戰結束後，遠東國際軍事法庭在開庭審判28名日本甲級戰犯之前，美、中、英、法、新、荷、印、菲等十個參與國的法官們，曾因排定法庭座次而展開一場激烈的爭論。

　　除了庭長韋伯法官的席位不容置辯外，庭長右手邊的座位屬於美國法官似乎也已成定論，然而庭長左手邊的座位該屬於哪國法官，大家卻各執一詞，因為坐在庭長身邊的法官，不僅可以隨時與庭長交換意見，也意味著該法官所屬國在審判中的地位。

　　按理來說，中國法官應排在庭長左手邊的第二把交椅，可當時中國的國力並不強大，因而被各國列強否定，在這種情況下，出庭的中國法官梅

汝璈與各國列強展開一場機智的舌戰。

梅汝璈首先從正面闡明，座次安排應按日本投降時，各受降國的簽字順序排列，因為審判日本戰犯一事中，中國受日本侵害最重，且抗戰時間最久，付出的犧牲也最大，所以有抗戰歷史的中國理應排在第二位。再者，若沒有日本的無條件投降，便沒有今日的審判會議，所以按各受降國的簽字順序排坐，實屬順理成章。

接著，梅汝璈話鋒一轉，微微笑說：「當然，如果各位不贊成這個辦法，不妨找個體重計，依照體重安排座位，體重重者居中，體重輕者居旁。」各國法官聽了全都忍俊不禁，庭長笑著說：「你的建議很好，但它只適用於拳擊比賽。」梅法官接著回答說：「若不以受降國簽字次序排座，最好就依體重排座，因為這樣縱使我被排在末位也無話可說，我對國家也有交代，倘若他們認為我不該坐在角落，還能另派一名比我胖的人來替換我。」

此番回答引得法官們大笑起來，畢竟在舉世矚目的國際法庭上，法官座次要是真的按照體重排定，豈不是天大的笑話，而梅汝璈便利用這樣的玩笑話，嘲諷帝國主義者依恃強權、踐踏國際公理的醜惡嘴臉。

協商過程中，為了維護自己的利益或堅持原則，必須反駁對方，有時捨棄鋒芒畢露、相互抨擊的語言，改用風趣含蓄、詼諧生動的語言，反而會有更好的效果。

被公認為最具幽默感的前台中市長胡志強曾說：「我個人深信，幽默是靠後天學習來的。」並向大眾分享他自己學習的方式為：累積日常生活經驗，創造幽默情境，多開自己的玩笑，不要傷害他人自尊，最重要的是，講笑話時自己絕對不能笑。

　　用「開自己玩笑」取代「嘲弄別人」，是最快降低「說錯話」指數，升高「幽默」指數的特效藥，幽默最重要的一條準則，就是寧可取笑自己，也絕不輕易譏笑別人。有位哲人曾說過：「笑的金科玉律是，不論你想笑別人怎樣，先笑自己。」

　　像美國林肯總統的政敵道格拉斯（Stephen Douglas）嚴厲指控他「說一套做一套，完全是戴著兩張臉的人」時，林肯只淡淡地回答：「道格拉斯指控我有兩張臉，大家說說看，如果我有另一張臉，我會帶這張醜臉來見大家嗎？」自嘲，是自知、自娛和自信的表現，本就是一種幽默。

　　英國前首相邱吉爾（Churchill）在一次公開場合演講時，台下遞上來一張紙條，上面只寫著兩個字：「笨蛋。」邱吉爾知道台下有反對他的人等著看他出糗，這時他泰然自若地對大家說：「剛才我收到一封信，可惜寫信人只記得署名，忘了寫內容。」邱吉爾不但沒有被不快的情緒影響，反而幽默地將了對方一軍，實在是高招。

　　漢武帝晚年希望自己能夠長生不老，某天，他對侍臣說：「相書上說，一個人鼻子下方的人中越長，壽命就越長，甚至人中長一寸，就能活一百歲，不知是真是假？」東方朔聽了此話，知道皇上又在做長生不老的白日夢，臉上露出一絲嘲諷的笑，而皇上察覺東方朔的笑似有譏諷之意，不悅地說：「你居然膽敢笑話我？」此時，東方朔摘下帽子，畢恭畢敬地回答：「我怎麼敢笑話皇上呢？我是在笑彭祖的臉太難看了。」漢武帝問：「你為什麼笑彭祖？」東方朔說：「據說彭祖活了八百歲，如果真如相書所說，人中長一寸就活一百歲，彭祖的人中就該有八寸長，那他的臉豈不是太難看了嗎？」漢武帝一聽，自己也哈哈大笑起來。

　　東方朔以幽默的語言，借笑話彭祖來諷諫皇帝，讓整個駁斥過程顯得

機智含蓄、風趣詼諧，也讓正在生氣的皇帝不得不轉怒為喜，欣然接受。

當然，幽默不一定都用在敵對的爭吵和攻擊情況下，有時也可用在輕微的諷刺、戲謔、談笑風生中，巧用幽默，既能達到駁斥對方觀點的目的，還能營造和諧友好、輕鬆愉快的氣氛。

有次，知名的生物學家達爾文參加一席宴會，正好和一位年輕貌美的女士坐在一起，這位美人用戲謔的口氣向達爾文提出質問：「達爾文先生，聽說你斷言人類是由猴子變來的，那我也屬於你的論斷之列嗎？」達爾文漫不經心地回答道：「那是當然！不過妳不是由普通猴子變來的，妳是由長得非常迷人的猴子變來的。」達爾文不用科學的道理反駁，而是以戲謔反駁戲謔，答得甚妙！

日常交流中，每個人都不希望遭受他人拒絕，也不願意將拒絕的話掛在嘴邊，但面對一些有悖於原則的事情，我們就必須拒絕。那在關鍵時刻，該如何把拒絕的話說出口呢？我們可以用幽默的方式，來應對他人的好意請求或惡意非難，既表達出個人看法，又能不失風度地讓對方無話可說，不再強人所難，對你充滿敬佩之情。

幽默拒絕別人的方法有以下幾種。

① 使用雙關語言

雙關是文學和說話中，相當常見的一種修辭方式，利用語音、語義上的聯繫，有意識地讓某一詞語牽涉到其他事物去，從而讓這個詞語具有雙重意義，形成一種「言在此，意在彼」的效果，營造出一種活躍的情境，用輕鬆的語言化解對方的非難。

② 以其人之道，還治其人之身

　　以其人之道，還治其人之身的方式，通常適用於一些高傲、自大者的刁難，在他們態度狂妄的時候，不進行正面答覆，反用聰明才智來應對，從對方的話語中找出破綻，然後用幽默的語言進行反擊，達到拒絕的目的。以下試舉案例參考。

　　連假期間，客運大廳內有許多旅客都在排隊等著購買返家的車票，突然有位西裝革履的男士插到隊伍最前頭，大聲地指責售票窗口動作太慢，耽誤了他的時間，要求站務員先賣票給他，並傲慢地說：「你知道我是誰嗎？耽誤了我的時間你可賠不起，趕緊先把我的車票辦理了！」

　　這時站務員平靜地抬起頭，透過麥克風對著其他排隊的旅客說道：「各位旅客您好，這位先生需要我們的協助，他已經不知道自己是誰了，請大家幫他一起想想……」在場的旅客大笑起來，對站務員那機智幽默的拒絕，紛紛豎起大拇指，至於那位沒禮貌的男士滿臉通紅，悻悻然地走到隊伍最後端，依序排隊購票。

　　這位無理取鬧的旅客無疑是倚仗著自己的社會地位，但站務人員卻不吃那一套，不加以反唇相譏，反而從他的話語裡找破綻，用詼諧幽默的方式，拒絕了他那無禮的購票要求。

③ 故意曲解

　　面對一些暗示性的要求，不妨故意曲解一下，以裝聾作啞的方式拒絕別人，讓對方有苦說不出。以下試舉案例參考。

　　有名社會地位顯赫、但態度極度狂妄的婦人，派奴僕給一位知名學者送上請帖，想邀學者到她家中作客。請帖上這樣寫道：「星期四下午四點

至六點，我在家裡。」學者看到後，就在請帖下方寫了一段話，然後請奴僕帶回去，上面寫道：「我和您一樣，夫人。」

對於對方的要求，學者佯裝不解其中意思，做出一些讓對方哭笑不得的回答，同時也把拒絕赴約的意思表達得一清二楚，這樣幽默的應對方式，充分體現出這名學者的智慧和風趣。

Chapter *9*

談話遇冷場，該怎麼做？

9-1 巧妙溝通，沒話找話說

在與人溝通的過程中，如果突然沒話說了，該怎麼辦呢？相信大家都對冷場相當敏感，且感到頭痛。在交流的過程中，為了增進彼此感情、加深認識，更為了達成交流的目的，在談話時就要不斷尋找話題，前面章節也有探討過。

有人說：「交談中要學會沒話找話的本領。」所謂找話，就是「找話題」，一個好話題可謂初步交談的媒介，深入細談的基礎，縱情暢談的開端。

溝通情境題

小趙是公司剛到職的新進員工，與同事尚不熟悉，也只跟老闆打過幾次招呼。某天上班，小趙恰好與老闆搭乘同一班電梯上樓，主動與老闆打招呼後，小趙對老闆說：「總經理，我聽說公司初創時相當艱困，小小的辦公室內就只有與您一同打拼上來的劉總監，這是真的嗎？」

「確實是這樣，當年的創業環境跟現在可沒辦法比，拓展業務相當困難，當時是只要有膽識，就能拼事業的年代，想當年滿

腔熱血就出來闖……」沒想到電梯裡不經意的寒暄，竟就這麼打開了老闆的話匣子，老闆自豪地談了自己早年的創業故事，聊得意猶未盡。

「總經理，您的創業史真的非常讓人敬佩，很勵志也相當讓人感動，希望以後有機會能聽後續的故事，很受教呢！」

「好，你叫什麼名字？在哪個部門？」

「我是企劃部的趙藤祥。」

「好，我知道了，快去忙吧！」

「好的，總經理您也忙，有機會再去向您請教。」

從那之後，總經理便將小趙記在心上，時常關照他，任何場合都會帶著小趙，因為他的口才相當不錯，總能在客戶心中留下好印象。

假如是你遇到類似的情況，你會怎麼應對呢？是沒話找話和老闆攀談，還是打完招呼後就低頭滑手機，兩人同在一個空間，卻沉默不語呢？倘若你選擇後者，可能會讓老闆覺得你無視於他，一個人自顧自地玩手機，對他非常不敬重。

「沒話找話」是一種溝通能力，能迅速拉近彼此的距離，如果你不懂得在溝通中適時製造話題，很容易使場面變得尷尬，畢竟總不可能要老闆主動開話題吧！

所以，為了活躍氣氛，獲取好人緣，在某些場合下，我們不得不沒話找話說，不管認不認識，都要說得得體、有趣，那我們又該如何「沒話找

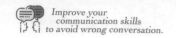

話」，有哪幾點是需要注意的呢？

① 中心擴散

面對眾多的陌生人，要選擇一般會關心的事件為話題，這類話題是大家想談、愛談、又能談的，人人有話，自然能說個不停，以致引起許多人的議論和發言。

② 選擇雙方都感興趣的話題

什麼話題才能引起對方的興趣？一般來說，具有相似性的話題，更容易被雙方共同接受，例如經歷、愛好、職業……等相似性話題。只有在談論中找到更多的共同語言，才能不斷擴大你們之間選擇話題的範圍，使交談更加順暢、深入。

好比說對方喜歡下象棋，便可以此為話題開展，聊聊下棋的樂趣，每一顆棋子可以如何布局等等，如果你又剛好對下棋略知一、二，那肯定談得更為投機；但如果不太了解也沒關係，正好能將此視為學習機會，靜心傾聽、適時提問，借此大開眼界。

③ 懂得適時切入

如果場面遇冷，我們要學會適時切入話題，看準形勢，不放過任何說話的機會，在談話中適時插入適當的話題，讓別人更深入地認識你，因為你的關係，不必要的尷尬才得以化解，打從心底讚嘆你的口才和看事態的能力。

④ 以提問的方式不斷拓展話題

常說向河中投石，查探水的深度後再前進，就能較有把握地過河；同理，與陌生人交談時，先提一些「投石式」的問題，了解對方大致的情況，再進行交談，便能談得更為自在。

⑤ 用時空、條件轉移法引導話題

聊天時，難免會碰上長篇大論，或是話題全繞著自己打轉的人，例如：已經當媽媽的，可能滿口育兒經、媽媽經，但你可能因為沒有經驗，無法做太多回應、只能放空，這時候「時空、條件轉移法」就能輕鬆派上用場。時空轉移，也就是將現在轉移到過去、未來；而條件轉移，就是將現在的環境，改成內在的困境或需求。

比如：「妳結婚前最想做什麼事呢？」如此提問，對方會立刻跳脫現在的角色，回到未婚前的狀態，話題便能持續，也成功找回彼此之間的共通點。而要怎麼創造「困境」？你可以問：「妳好像都把時間奉獻給家庭、小孩了，那妳自己呢？」如此一來，遺憾、無奈或是各種情緒一湧而上，話題便能綿延不絕。

其實聊天不是「努力找話題」就能不間斷地聊，找話題本身是累人的，但如果學著用心拋出有議題點的問題，造成對方的內在衝擊，會比找話題來得更輕鬆自在、有效。熟人之間，我們就沒必要考慮的太多，倘若對方又愛開玩笑，那我們可以開門見山地談論各種話題，但話題中心最好不要圍繞個人，盡量使大家參與其中，讓對方多說話，他才會有被重視的感覺，從而樂談善談。

再者，思考如何讓對方喜歡自己。聊天是為了和對方建立良好的關係，因此贏得對方的好感非常重要，我們必須知道如何讓對方喜歡自己，並好好閒聊。然後配合聊天的目的、對方的性格和喜好，提供可以獲得好感的話題，選擇對方喜歡的事物、感興趣的內容、雙方共通的話題等，作為聊天的題材。

等話題決定後，務必留意「言詞」，想打動一個人不能單靠邏輯，人總是以感情為優先，然後才用邏輯將感情合理化。所以，說話時必須先考慮對方聽了會怎麼想，使用不會傷到對方，能讓他心情愉悅的言詞，提出問題前，最好也要想清楚，怎麼樣的問題對方較好回答。

9-2　借題發揮，打破僵局

　　一位哲學教授，其弟因為民事糾紛，與人鬧上法院、對簿公堂，而這案子恰好由教授以前的學生審理。得知法官是自己的學生後，教授在開庭前一晚，特意到學生家中拜訪，希望能念在過往的師生情誼，將立場稍微偏向他弟弟這邊。

　　教授開門見山地說出自己的來意，學生聽到後不知該如何回答，當下氣氛顯得有些尷尬和凝重，一邊是他身為法官的職業道德，一邊則是師生間的情誼。學生稍加調適心情後，對教授說道：「老師，您還記得之前在課堂上提到的《胡盧僧判胡盧案》嗎？我至今仍記憶猶新。」

　　「當然記得，我現在上課還是很常與學生們分享這則故事。主人翁薛蟠殺了人卻逍遙法外，反映了當時封建官僚的情況，官官相護、狼狽為奸，官場實在是黑暗。」

　　「是呀，就一張護官符，讓馮家告了一年的狀也未果，整整一年無人做主，兇手薛蟠還逍遙法外……」學生感嘆地繼續說道：「猶記得當年您講完這則故事，還十分憤慨地告誡我們，日後要是誰成為執法者，千萬不要胡亂判案呀，我現在也一直把您當年這句話視為座右銘，謹記在心。」

　　教授來之前已設計好一大套說詞，但聽到學生這番話之後，也不好意思開口了，打消原先想請他幫忙的念頭，心中感到無地自容。

　　有人老抱怨自己不被他人理解，常因為一句話而被責怪，其實這有很

大的原因在於自己不太會說話。在與別人辯論的過程中，我們常會被他人抓住話柄，藉以攻擊，使自己陷入尷尬的局面，所以我們在與別人辯論的過程中要善於借題發揮，以打破僵局、化解危機。下面再與各位分享一則借題發揮的案例。

溝通情境題

美國政界新星凱生，首次在眾議院發表演說，但他的打扮土裡土氣的，所以在演講的過程中，有位議員插嘴道：「這位伊利諾州來的議員，口袋裡一定裝滿了妻子呢！」這名議員極具諷刺地挖苦，台下其他議員紛紛笑出聲來，但這舉動並沒有讓凱生產生多大的情緒起伏，他也沒有與那名議員針鋒相對、反唇相譏，只順著對方的話，坦率地回：「真的，我不僅口袋裝滿了妻子，還藏著許多菜籽呢！我們住在西部的人，大多笨頭笨腦的。」

凱生這番坦率和真誠，頓時擄獲了全場的好感，讓他從被動轉為主動，於是他又話鋒一轉，趁勢借題發揮，說道：「不過我們藏的雖然是妻子和菜籽，卻能找出很好的莊稼！」凱生的話雖然說得含蓄，但針對的目標明顯，且明確地將自己的觀點和長處闡述出來，使他首次演講便獲得無比的成功。

借題，就要借得巧妙；發揮，就要發揮得有理有據，才能使自己在溝通、激辯的過程中游刃有餘。那我們該如何運用借題發揮這個好方法呢？

① 無理對無理

「以謬制謬、以毒攻毒」，我們在與別人激辯的時候，有時可以用無理對無理的方式，來打破目前所遭遇的僵局，但以無理對無理，並不是要我們破口大罵，那樣會被別人視為沒有禮貌、沒有教養，也會被人瞧不起，反而引起不好的效果。

在與別人辯論的時候，我們的目的是打破目前的尷尬局面，面對別人的詰難，我們常會有很氣憤的感覺，但我們不能將自己的情緒表現出來，反之，我們可以巧妙找到一個突破點，用反詰的口吻，來表達自己的情緒，或是用自嘲的方法讓對方自討沒趣，這樣我們的目的也能順利達成。

② 善於觀察

善於觀察、洞察對方的荒謬論點，看其論點是否真實，其論據能否支持論點，推理過程是否符合邏輯，從中找出對方的漏洞，也就是善於抓住對方的小辮子，就可以把對方的荒謬論點誇大，使其暴露得更為明顯，甚至於說是吹毛求疵，在對方的語言中找到矛盾來攻擊，以達到反駁的目的。

這就需要我們具備敏銳的觀察力，善於從現止遭遇的狀況中，找到這個「題」，再藉以發揮，或是自己製造一種假象，順著對方的思維，將他引誘至自己所設的「圈套」之中。善於觀察，從不同的角度去觀察問題，你就會發現有各種不同的解決方法，可以從不同的角度來打破僵局，善於轉移話題，轉移別人對你尷尬局面的關注，從這個角度可能說不圓，但從別的角度來闡述，或許就可以轉移你的尷尬。

③ 富有一些黑色幽默

一次，在兩個人的辯論中，甲形容乙說的話像狗屎一樣臭，世界上沒有比這個更臭的了。這讓乙非常尷尬、難堪，整張臉頓時漲紅，但乙很快調整好狀態，不慌不忙地答道：「先生，你這個觀點我不認同，因為據我所知，比狗屎還要臭的是豬糞。」這下輪到甲臉紅了，因為現場的人都知道甲曾在養豬場工作過。

借題發揮，我們也需要一點黑色幽默，這樣的效果要比直接諷刺對方要好的多，因為在這樣的黑色幽默中，可以讓對方自行體會其中更深層的意味，讓別人的注意力轉移到對方。

借題發揮的溝通技巧，如果運用得當，不僅能化被動為主動，使窘迫變得自如，還能化消極為積極，獲得更大的成功，所以當你受到言語刁難時，可以不直接從正面答辯，而是借對方提供的話題進行還擊，從而改變論戰的局勢；這種對策的關鍵就在於一個「借」字，至於能否借為己用，則取決於論辯者的論戰經驗和思維能力。

9-3 善用幽默化解尷尬氛圍

　　邱吉爾（Churchill）說過：「除非你絕頂幽默，否則就無法處理絕頂重要的事，這是我的信念。」傑出的政治家常用幽默來化解對手的攻擊，或一些不便正面答覆的問題。下面就讓我們來看看邱吉爾是怎麼做的。

溝通情境題

　　有一回，與邱吉爾共事的保守黨議員威廉・喬因森希克斯在議會上演說，看到邱吉爾搖頭表示不同意，說道：「我想提請尊敬的議員注意，我只是在發表自己的意見。」邱吉爾回答道：「我也想提請演講者注意，我只是在搖自己的頭。」可見，寓諷於答果然能化戾氣為祥和，幽默絕對是雙方互動的絕佳潤滑劑。

　　邱吉爾還有個習慣，無論工作到幾點，只要他停止工作，就會到浴室泡個舒舒服服的熱水澡，然後光著身子在熱氣蒸騰的浴室裡踱步，一邊思考問題，一邊讓身體放鬆。有次，他率領英國代表團到美國外交拜訪，受到美國熱情款待，為了便於兩方交流，接待員特別安排邱吉爾住在美國白宮。

邱吉爾像往常一般泡澡，然後光著身子在浴室內踱步，當時反法西斯的戰爭進行得如火如荼，邱吉爾思考著如何和美國聯手對付敵方，改變戰爭形勢，想著想著就忘了自己身處白宮的浴室，而且還光著上身。

這時羅斯福有事來找邱吉爾，發現屋裡沒人，正準備轉身離去時，聽見浴室傳來水聲，便敲了敲浴室的門，而正聚精會神思考的邱吉爾，聽到敲門聲也沒多想，便脫口說：「進來吧！」

門打開後，羅斯福看到邱吉爾一絲不掛的站在浴室中，邱吉爾這時也才回過神來，場面十分尷尬，進也不是、退也不是，兩人一言不發地看著對方。

邱吉爾率先打破沉默，急中生智地說：「進來吧，總統先生！大不列顛的首相沒有什麼東西要對美國總統隱瞞的！」語畢，兩人不約而同地大笑出聲。

本是一件非常尷尬的事情，在如此狀況下，一般人都會感到束手無策，但邱吉爾卻用幽默的語言化解一切，他的溝通方式不僅讓自尊心以自我排解的方式受到保護，還體現出自己寬宏大度的胸懷。假如是你遇到如此尷尬的場面，除了幽默外，你還有什麼其他的辦法嗎？

① 學會自我調侃

在公共場合或大庭廣眾下，若一不留心說錯一句話或做錯一件事，難免會出現令人尷尬的場面，這時闖了禍的你肯定會有些侷促、緊張、惶

恐，但你大可不必掩飾自己的過失，更不用轉移目標，不妨放鬆心情調侃自己一番。

透過對自己的善意攻擊，來消除對方的敵意，轉移對方關注的焦點，這樣做的好處是，能不露痕跡地照顧到對方的自尊心，也巧妙地使緊張氣氛緩和下來。

② 適當借題發揮

既然問題已擺在眼前，那就坦然面對吧，在簡單致歉後，立即轉移話題，借著錯處加以發揮，以幽默風趣、機智靈活的話語，改變場上的氣氛，使聽者進入新的情境中。

③ 待人真誠，避免自挖陷阱

溝通交流中的尷尬，有些是因自身缺乏修養、待人虛偽所引起，例如有的人說話不雅或禮儀不佳，一旦影響他人，就會使雙方感到尷尬。

其實，這些場面是可以避免的，只因自己修養較差、不拘小節，待人不夠真誠，才導致自己頻頻陷入尷尬境地。

④ 抓住時機，巧妙轉移話題

當遇到較為敏感或不便回答的問題時，可以透過一個富有啟發性的問題，或借助對方的某句話，自然而然地轉換到另一個話題上，迴避對方的問題。

轉移話題的時候要抓住時機，轉移的話題也要有吸引力，這樣對方才會被導向新的關注點，尷尬的氛圍也能快速消除。

幽默是化解尷尬最佳的方法，它能將凝結的空氣瞬間活絡起來，不僅遠離尷尬，還能帶動大家新的樂趣。幽默是一種搞好人際關係的重要手段，並非所有人都具備，幽默和個人的性格以及知識累積有關，要讓自己在必要時發揮幽默感，平時就要多觀察生活中的細枝末節，並多吸取他人表達幽默的方式。

9-4　面對尷尬，可適時打打圓場

在社交活動中，常會有第三者不小心說出一些讓人驚訝或氣憤的話，他們怪異的言談和行為，可能導致彼此產生尷尬，甚至是讓眾人在互動中產生誤會。

倘若碰到這類的人，我們可以用打圓場的方式處理，製造輕鬆的氛圍，或用擦邊球的形式來緩和唐突的語句，讓各方都有台階下，達到「你好、我好、大家好」的目的，以獲得良好的人際關際。

溝通情境題

某次同學餐會上，因許久未見面，大夥兒興高采烈的談天，喝得酒酣耳熱之際，一名男士對著一名女士說道：「當初妳追求我的時候，我拒絕了，現在妳是不是還耿耿於懷呀？」一句玩笑話，雖然說得有些失禮，但在歡快的氣氛下也顯得無傷大雅，可這位女士可能原先心情就不太好，聽到對方這麼說竟勃然色變，指著他罵道：「你神經病啊！也不看看自己是什麼德性，誰會去追求你這種長得道貌岸然，但內心無比齷齪的人？」

這位女士的聲音很大，甚至壓過眾人的談話，原先熱絡的場

子雯時冷了下來，在場的人都覺得十分尷尬。這時，另一位女士站起來打圓場，笑著說：「多年不見，我們這位公主的脾氣還是沒變呀，她喜歡誰就說誰是神經病，說得越激動、刺耳，就代表她越在意對方，我說得沒錯吧？」現場氣氛稍微緩和下來，大夥兒又很自然得聊了起來，彷彿剛剛什麼事都沒發生一般，七嘴八舌地開起玩笑來，一場風波在短短幾句話中平息下來。

無論在什麼場合，沒有人願意被別人傷及自尊、下不了台，但難免還是有很多難以預料的事情發生，一些外在因素導致尷尬的場面產生。在別人面子受到傷害的時候，如果你能採取正確的方式處理，給他一個台階下，讓面子掛得住，那他便會對你表示感謝，願意和你深交。

在和別人聊天，或是在工作場合、大型聚會等場合，時常會發生需要打圓場的情況，無論是為自己打圓場，還是為朋友、同事，甚至是陌生人都有可能，只要我們能發揮聰明才智，做到息事寧人，將複雜化的事情簡單化，對我們必是百利而無一害。

那打圓場的技巧又有哪些呢？

1 轉移事件焦點，給雙方台階下

有時雙方之所以為了一個問題爭執不下，可能不是因為事情的本身，而是因為好勝情緒和較勁心理，說到底是一個面子問題。事實上，問題的答案往往不會只有一個，甚至相反的兩個答案可能都對，這時只要把話題轉移到另一個大家感興趣的事情上，就能停止這場無休止的爭論。

② 避重就輕，委婉提醒

很多時候，我們都會碰到一些不好正面回應的尷尬局面，這時候採取避重就輕、委婉提醒是最好的方式，比如朋友和你說另一位朋友的壞話，並詢問你的看法時，倘若你認同他，不僅得罪另一位朋友，還會留下在背後說人長短的負面形象。

這時候你可以避重就輕，委婉地提醒對方：「我和他的交情還不錯，他也不曾對我這樣。」以委婉含蓄的方式點撥，也不致讓對方太難堪。

③ 巧妙敬告

在工作場合，時常會遇到讓人忿忿不平的事情，而這些事情的應對辦法，不同於平常和朋友打圓場的方式。倘若我們在工作中，遇到他人不禮貌的對待，但你又礙於必須維護彼此的合作關係，不能做出過激的反應，你便可以選擇用敬告的方式來處理。

這個技巧是在不失應有的禮貌上，告知對方這麼做是無理的，避免直言相告的尷尬，也不怕硬碰硬，讓雙方不開心，是一個較中庸的方式。

④ 善意的誤會，幽默的化解

幽默，是社交活動中相當重要的潤滑劑，一句幽默的話，能讓原先嚴肅的氛圍緩和，使眾人放下原先的堅持或怒火，因此，如果你富有幽默感，恭喜你不管在哪都很吃得開。但如果你不幽默也不用擔心，只要掌握一個技巧，便能達到跟幽默同等的效果，那就是──善意的誤解。

假裝沒聽懂對方尷尬的話，這時只要透過善意的誤解，就能避免矛盾，讓氣氛變得輕鬆自在。

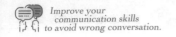

⑤ 不偏不倚，考慮雙方

有時候打圓場不僅需要我們簡單的翻篇，還需要我們提出有建設性的建議或方案，這時必須做到不偏不倚，綜合考慮對方的訴求和需要，但只要偏袒任何一方，都會激起另一方強烈的不滿，你也可能因此失去雙方的信任。

人生在世，不如意事，十常八九，遇到不公平的事或人，難免心生不滿，有的事情我們避免評價；有的人我們不敢、不能或不捨得指責，這時我們就可以靠打圓場來化解尷尬，透過巧妙的語言來調解糾紛，化解矛盾。以下再試舉案例供讀者們參考。

溝通情境題

實習老師在黑板上寫著章節重點，才剛寫幾個字，有位學生突然大聲嚷嚷起來：「實習老師的板書要比我們班導寫得好看多了！」此話一出、語驚四座，這位有口無心的學生完全沒想到坐在教室後方，正在替實習老師打分數的班導臉色有多難看。

這名實習老師剛到學校沒幾天，就碰到這樣讓人尷尬的場面，如果處理不好，很可能影響到他和這位班導的關係，更可能因此影響到自己的實習評鑑，但這時用謙虛的話來貶低自己似乎並不是最好的辦法，著實令人頭痛呀。

突然，實習老師靈機一動，裝做什麼也沒聽見，繼續在黑

板上抄寫著，寫完後轉過身來問道：「剛剛是哪位同學不認真看課文，在那邊聊天呀？」聽到這句話，坐在後排的班導鬆了一口氣，心想實習老師可能沒聽清楚，自己的面子得以保住，頓時感到輕鬆許多，原先尷尬的局面也隨之消除。

　　當學生稱讚實習老師的時候，這名實習老師選擇了避實就虛的方式，忽略了學生的讚揚，改從學生不遵守課堂規矩的角度切入，表面上看似在教導學生，實則是向後排的班導傳遞「我根本不知道學生說了些什麼」的訊息，有技巧地規避尷尬局面，不僅維護了班導師的面子，也讓課堂秩序得以維持，短短一句話，便得以扭轉局面。

　　生活中有許多尷尬的場面，是我們防不勝防的，既然我們無法避免尷尬的事情發生，那不妨用一些巧妙的手法，來維護他人和自己的面子，讓雙方都能有台階下。

　　在尷尬的時候打圓場，不僅反映一個人的聰明才智和應變能力，也體現出他善於設身處地為別人著想的良好道德修養。如果你能在尷尬的情況下，採取行之有效的方法打圓場，就能獲得別人的賞識和信任，從而提升個人魅力，獲得豐厚的人脈關係。

9-5 敏感話題，用模糊的言詞塘塞

　　現實生活中，有很多事情都是在我們毫無準備的情況下發生，其中不乏那些讓我們感到左右為難的事情。在這樣的情況下，如果選擇沉默或拒絕，可能會使雙方的交流產生不好的影響，讓自己在他人心中的印象大打折扣，所以這時我們不妨考慮用模糊的言詞來回答。

　　模糊的言詞是一種重要的交際手段，能體現出一個人隨機應變的能力，像是在一些不必要或無法把話說清楚的情況下，就可以運用這樣的方式來表達，防止緊張氣氛，又讓自己得以解脫，還不會給別人帶來負面的心理影響。

　　舉凡那些對社交應酬游刃有餘的人，大多懂得運用「模糊語言」，針對他人的問話或請求，替自己做出有餘地的回應，不因為生硬的拒絕讓對方產生不快，也能保全雙方面子，避免不留後路的後顧之憂，又能防止事與願違的尷尬和後續的責任。

溝通情境題

　　一艘豪華客輪因中控室發生一些狀況，即將靠岸之際，整艘船卻突然停了下來，遊客們在甲板上枯等幾十分鐘後再也等不住

了，情緒十分焦躁，紛紛把矛頭指向郵輪公司，質問他們怎麼行前沒有做檢查，追問著何時才能靠岸。

面對情緒激動、失去理智的乘客們，郵輪代表鎮定自若，臉上始終帶著微笑，他心平氣和地向大家解釋：「請各位乘客不要著急，郵輪沒有什麼大問題，只是有些小障礙需要排除。目前技術人員正在檢查，請大家再稍後一會兒，基於大家的安全，請不要隨意走動，也不要站在危險的地方，船等等就要靠岸了。」負責人不斷重複著這句話，乘客們才漸漸平靜下來，果然沒過多久船就靠岸了。

郵輪負責人在面對乘客的質問時，用了一連串的「一會兒」、「馬上」……等詞句，避免讓乘客的情緒再次產生波動，技巧性地不給出確切答案，一連串模糊的說詞讓乘客們又等待了一個多小時，為自己保有後路。

可以試想一下，如果負責人為了安撫這些不滿的乘客，隨便就給出15分鐘後可靠岸的承諾，倘若郵輪的狀況還是無法排除，那乘客只會更生氣，這時負責人再給出任何承諾都沒有用，還可能使情況變得更糟。

模糊的語句可以做為一種緩兵之計，當別人問一些無法回答的問題時，如果委婉拒絕不能成效的話，你就應該用一些模糊的語言來塘塞，這樣既可以讓自己從麻煩中解脫出來，又不會傷及他人。

聰明的人，他在敏感話題上從不言之鑿鑿，也不會貿然拒絕別人，他懂得用一些模糊的語句來保全雙方的面子，既為自己留了一條路，又避免

一些不必要的糾紛。模糊語言的表達形式多種多樣，比如閃爍其詞、答非所問、避重就輕……等，但歸根結柢就是不要把話說得太死、太滿，替自己留有一條後路，也讓對方未來願意再與你交流。

在現實生活中，有很多敏感的話題使我們無法做到開誠布公，但又因為考慮到雙方顏面，而不願意作出生硬的拒絕，那我們就要講究一些說話的策略，用模糊的語言來回答別人無心或存心的話題，這樣的談話方式才會讓你的口才上升至新的高度。

現實生活中，有很多問題可以用模糊的語言來回答，當別人問你「月薪是多少」的時候，你可以說：「還能餬口飯吃。」；如果有人問你是如何結識這位大人物時，你不妨說：「這個故事說來話長，等以後有時間，我再仔細告訴你。」；當同事打聽到公司老闆是你爸爸的朋友時，還故意問你：「你在這家公司應該不錯吧？」你可以說：「這都多虧你經常神救援。」等，這樣的回答既顯示出你的熱情，又能巧妙躲避掉那些不願意回答的問題。

模糊的語言是日常生活中隨機應變的一種重要方法，常用於一些不必要或不可能把話說得太死的情況，巧妙地運用這些模糊的詞語，避免給人一種油腔滑調的壞印象，在自己都不確定的時候，就不要說大話。

Chapter 10

高效溝通讓你工作更出色

10-1　哪些話不該說？

　　有些人的腦袋就是天生「少根筋」，他們經常搞不清楚狀況便胡扯瞎說，常有一些令人傻眼的「天兵」舉止，比方在壽宴上對壽星大談人壽保險的好處；對著孕婦說：「這年頭養小孩沒什麼好處，辛苦拉拔他們，但長大翅膀硬就飛走了。」；對新人們說：「今天喜宴菜色挺不錯的，下回別忘了再請我，我一定捧場。」；甚至是在準備出遠門的朋友面前，大談今年發生多少件交通意外……等等，數不勝數。

　　這些人也許只是因為當時談興正濃，因而沒有注意到對方的狀況，但即使他們並非故意說出這些話，還是在不知不覺中傷了人，當然也有可能是他們天生「少根筋」，木頭腦袋轉不過來。

　　見什麼人說什麼話，意即當你在和對方交談時，要盡量使用對方認同的語言，談論對方熟悉和關心的話題，並視當下的具體情況靈活應變，以便在迎合對方心理的同時，也贏得對方的好感。唯有在贏得對方好感時，你與對方之間的溝通才會順暢，不論是協商還是談判，也才有機會佔上風，而這也是成就大事的一種技巧。

　　卡內基曾說過這樣一段話：「去釣魚的時候，你會選擇什麼當釣餌？即使你自己喜歡吃起司，但拿起司來當釣餌是釣不到半條魚的。所以，即便你很不情願，也不得不用魚喜歡吃的東西來做為釣餌。」話是說給別人聽的，至於說得好不好、是否有口才，不僅要看話語是否有適當表達自

己的感情思想，還要看別人能否理解且樂於接受，如果你說的話別人聽不懂，或讓人提不起勁聆聽，那這樣的談話有什麼意義呢？

因此，在與人交談時，你要先明白對方的個性，假設他喜歡婉轉的談話方式，你就應該多說些含蓄的話；他個性率直，你就要直接談到核心問題；他崇尚學問，你就聊些專業、有深度的話題；他喜歡聊生活瑣事，你就針對食衣住行的話題下手；簡言之，只要你說話的方式能與對方的個性相符，你們的溝通就能十分順暢。

① 與長者說話時

當你與地位較高者或前輩說話時，必須注意以下原則：態度要恭敬、對方講話時要全神貫注地聆聽、不要隨意插話，除非對方希望你有所回應，回答問題時要簡潔適當，切勿「裝熟」或沒大沒小，謹守該有的分寸。盡量不要說及題外話，留意說話態度，不要顯得過於緊張，也不要當一隻「應聲蟲」，該適時表達自己的意見時，就要清楚表達出來，如果你只會一昧地說「是、好的」，可能引起對方不悅，或覺得你沒有主見。

② 與晚輩說話時

當與地位低於自己的人談話時，你應表現出穩重的態度，千萬不可因他人的地位低於你就漫不經心，一旦你認為和對方談話不用多費腦筋，就會給人一種隨隨便便的感覺，況且就算對方的地位低於你，並不代表他的能力一定比你弱。

所以雙方在溝通時，你要給予一定的尊重，讓對方覺得你對他的談話內容是感興趣的，讓他樂於一直說下去，且輪到你說話時，你的態度要有

理、和藹，不可擺出高高在上的姿態。此外，你不妨多讚美對方，但記得不要太過嘮叨，也不要讓人覺得你在裝熟，還有最重要的一點，就是不要用自己的輩分去阻止或打斷對方發言。

③ 與女性談話時

當你和女性談話時，必須主動打開話題，好讓對方能接續交談，建議你可以與對方聊聊有關生活健康、流行美容或其他輕鬆樂活的休閒事物，總而言之，你要選擇對方感興趣的話題交談，並以對方為主。

另外，最為重要的一點是，當你在和女性交談時，務必以尊重對方的態度，除不可隨意打斷對方的談話，也不能輕蔑地認為對方的意見毫無價值，換言之，只要你表現出有禮、誠懇、尊重、和善的態度，自然能讓對方覺得與你交談十分愉快。

④ 與老人家交談

當你和老者談話時，要抱持著謙虛的態度，相信你一定經常聽到長輩在教育後輩時會說：「我吃過的鹽比你吃過的米還多。」其實這句話很有道理，雖然老人家接受的新知較少，但他們的人生經驗卻是遠高於你的，所以在雙方談話的過程中，你應該懂得謙恭、虛心受教。

還有一點，有些老人家不喜歡別人說他年紀大，他們希望大家說說他比實際年齡還年輕，或是讓別人覺得他們充滿年輕人的活力和朝氣，所以在和老年人交流時，要盡量避免直接談及他的年紀，只要聊聊他曾閱歷過的人事物即可，類似這樣的話題較易贏得他的歡心，他也會覺得你十分討人喜歡。

⑤ 與年輕人談話時

當我們在和年幼的人交談時，會發現有些年輕人的思想其實很成熟，有些相形之下則顯得幼稚。若你是遇到前者，你和對方的交談並不會有太大的障礙，你甚至只要表現出更為沉穩的態度即可，也就是說，不要自己降低自己的身分，也不要給對方直呼你姓名的機會，更不要與他們有所辯論，你只需要讓他們明白，你希望他尊重你，而你也一直在維護自己的尊嚴，畢竟人們總是因為你自己看重自己，才同等的對你尊重有加，尤其是那些比你年幼的人更是如此。

另外，當你和別人交談時，你也必須考慮到對方的文化背景，因為具有不同文化背景的人，在說話方式上也會呈現不同的特點。簡單來說，從事不同職業、具有不同專長的人，他們所喜好、接觸的資訊類型和話題往往不相同，他們也會因為不同的專業知識和經驗，進而對不同的話題有獨特的興趣。

因此，如果你用對方不感興趣或一竅不通、一知半解的事物作為話題，他們就會覺得味同嚼蠟、無言以對，如此一來，你要想和對方繼續深談，會覺得較為困難，相反地，要是你能抓住對方在職業或專長上的特點，並藉此作為交談話題，反而較容易觸動他的心，產生極佳的互動。

綜觀以上種種，你一定能因人而異地與他人談話，不僅表現出自己的素質修養，也讓對方在交談時，能感受到你對他們的尊重和信任。

而在職場上，也要時常注意自己的言行，倘若平時有口無遮攔的壞毛病，務必要修正。職場如戰場，有時你不經意地說了幾句話，但說者無心、聽者有意，可能就因此觸犯到職場「雷區」，後果將不堪設想，輕者

在同事、主管心中留下不好的印象，嚴重者可能連工作都沒有了。所以，我們除了學習正確的溝通技巧外，管好自己的嘴也相當重要。

筆者與各位分享一則職場案例。

溝通情境題

小雨跟小琪兩人是公司同事，也是無話不談的好朋友，某天，小雨跟小琪聊了自己職業生涯規劃的事情，打算這一年在公司好好表現，努力達到自己設定的目標，一年後，如果在公司的發展有所前景，那就繼續待在公司；但如果公司格局過於狹隘，那她就會選擇跳槽，畢竟人總想往高處走。

但這些話，小琪在無意間告訴了公司的新進同仁阿然，小琪也沒有斷章取義，她只是想表達小雨是很有遠見、目標的女性，相當值得大家學習，不像自己在公司做了好幾年，卻還是隨波逐流，主管交辦什麼就做什麼。

然而說者無心、聽者有意，小琪對新同事阿然不甚了解，阿然之所以會離開原本的公司，便是因為他喜歡說別人的八卦，甚至刻意渲染、以訛傳訛，到處搬弄是非，迫使公司不得不請他離開。阿然到新公司後，毫無悔過之意，惡習依然不改，小雨的事被說成跳槽到別家公司，整間辦公室都在傳，就連小琪都以為小雨改變想法，興沖沖地跑去問小雨。

小琪走到小雨的辦公桌旁，誰知道小雨連頭也不抬一下，自

顧自地忙手邊的事，小琪未察覺出小雨的不悅，開頭就問她有關跳槽的事情，小雨聽到氣得臉都綠了，露出十分厭惡的表情，說道：「妳還敢來問我？我才要問妳呢！不就是妳到處跟別人講我要跳槽的事嗎？虧我還把妳視為好朋友，跟妳聊聊心裡話，妳怎麼能這樣害我？眼看這個月底就要發上半年度的績效獎金了，我原先還覺得自己表現不錯，指望能多領一些，這下全泡湯了，誰會想發獎金給計畫跳槽的員工呢？都是妳幹的好事。」

小雨說完後扭頭就走，小琪更是摸不著頭緒，根本不曉得小雨在說什麼，想了好半天才驚覺是阿然講的，因為她只有和阿然提過，但想到也為時已晚。

10-2 精於言詞，秀出自己的能力

　　在職場受歡迎，絕非偶然。許多工作中煩人的事，其實都可以迎刃而解，只要你說對話，掌握職場說話術，高招拒絕不合理要求，就能避免被工作壓垮，甚至還可以讓討厭鬼變貴人。

　　善於彙報的人，懂得在職場上充分展現自己的才華，吸引眾人的目光。職場的氛圍並不都是輕鬆愉快的，當空氣沉悶、環境壓抑的時候，倘若你懂得適時調節氣氛，展現你的口才，說些有趣、生動的話，絕對有利於工作的順利進行。

　　但在職場上，不是所有的人都能言善辯、精於言詞，有的人生性膽小、沉默寡言，不敢大聲說話，害怕喧囂吵鬧，遇到事情的態度總是能躲就躲，從不敢迎難而上，在辦公室裡彷彿是邊緣人，其他員工也鮮少與他互動，逼不得已才會跟他聊上幾句。

　　一般看來，這種人很乏味、單調，只適合做一些簡單固定的事情，有關公司的重大決策和活動，一般很少出現他們的身影，大多被遺忘在角落，默默做著自己份內的工作，即便受到委屈也不會和同事、朋友傾吐，從不敢有怨言，更別要他們向主管反映，心中的苦悶無處發洩。

　　其實沒有人是生下來便具有舌燦蓮花般的口才，一位沉默寡言的人，只要努力學習職場語言，若運用得恰到好處，同樣能言詞得當、善得人緣。且在職場中，口才好的人注重說話、措辭嚴謹，使他佔據上風，也因

此讓主管對他欣賞有加，委以重任；而他們也不會辜負老闆的期望，憑著自身優勢完成主管交辦的任務。

卡內基說過，我們的禍福悲歡往往取決於我們的語言，嘴有時真的很可怕，在職場上，就有很多人因為口才不佳而被資遣，而那些說得一嘴好話的員工，往往能獲得不錯的回報。好比美國前總統歐巴馬（Barack Obama），一站上演講台便能吸引眾人的目光，氣場尤為強大，讓聽眾隨著他的演說內容，使心情有所起伏。

「我有一個夢想」這句話人人都會講、人人心中也都想過，可是從馬丁・路德・金博士（Martin Luther King, Jr.）的口中說出來，就帶有震懾人心的效果，看過其紀錄片的人肯定能懂筆者說什麼，會場內彷彿薰香著大麻，台下聽眾全都被他所鼓舞，充滿著改變世界的力量。

那究竟該如何在職場中營造出此種氛圍，讓自己說的話充滿分量和說服力呢？筆者提供以下幾個方法供各位參考。

1 描述事情要具體

事情說得越具體，形象會越生動，比如你簡單地說有一輛車，不如將車的外觀特徵都形容出來：「一輛加長版的銀色勞斯萊斯。」準確的描述能讓聽眾更有畫面感；同理，當你提到某人的時候，如果沒有說得清楚些，會顯得力度不夠，效果要遜色許多。

具體準確的描述，能使人更信任你，也讓你說話充滿鏡頭感，將聽眾帶入情境中。這一點我們可以向賈伯斯（Steve Jobs）學習，他對演講過程的控制力以及形象的比喻，都相當準確地詮釋了這一準則。

② 講話有邏輯，才能說得清楚

講話的核心邏輯是指說話一次只能有一個主題，不要擔心是否單薄，談話若能將一個論點表達清楚就很不錯了，即便有點偏差也不要擔心，求全、責備才是最容易失敗的。

③ 講話的深刻程度取決於知識

知識源於何處？閱讀、閱讀，還是閱讀。但如果你無法短時間解決自己的知識儲備量，又不想讓講話過於膚淺，還有一個辦法，就是不要使用過多的解釋性語言。試想，如果你在言談中大量使用「因為」、「所以」，有諷刺聽者智商之嫌不說，也容易使你的表達顯得幼稚。

④ 講話的成敗與你是否會製造氣氛相關

有專家統計過，公眾演說有50％取決於內容，50％取決於熱情。有在外商公司任職過的人，一定能深刻理解這點：一位老闆要想秀出強烈的個人魅力，就得靠演講，只要能喊出「Change」（改變）或「Yes，we can」（是的，我能）等慷慨激昂的口號，員工就會認為他是具有領袖魅力的老闆，對他多有崇拜之意。

⑤ 說服力取決於說話的方式

說話的方式包括聲音、表情和身體語言，就像骨架大、聲線雄渾的人，更容易讓人信服；身材單薄、聲線較細的人，其說話的可信度相對會稍低一些。講話時的手勢也相當有講究，肩部發力會比較有力，但擺出手勢時切記要注意幅度，不要讓對方感覺不被尊重。

6 講話要有結論

我們談話要有結論，就像戀愛的結果是結婚，但並非一開始就下結論，倘若剛開始交談時，便開門見山地將目的表明，未免顯得乏味，還可能導致對方反感或意見不合，剛開始溝通就破局。

理論大致如上，剩下的就是實踐，如果你覺得自己嘴笨舌僵，缺乏鍛鍊，可以先與親近的人演練口才，練到能把一句廢話說得很有自信為止，很多時候，只要把話說得堅決、清晰，就能顯現出很大的說服力。

秀出你的口才，在適當的時機展現出來，受到眾人的喜愛、主管的重用，自己的聰明才智也能發揮出來；不要因為自身膽小卑怯而畏懼，也不要因為口舌笨拙而感傷，適時抓住良機，秀出你的口才，促成自己的成功，在職場中舞出自己的風采，散發個人魅力。

10-3 掌握與主管的距離，說話不可太隨意

　　一般員工在和主管溝通的時候，要掌握好分寸，說話不可過於隨意，千萬不要因為主管的態度隨和，或主管的年紀與自己相仿，就在他跟前不分職位高低，肆無忌憚的說話。

　　作為員工應該謹記，即便是個性隨和或年輕的主管，他們內心的自我意識一定都非常強烈，且他們大多也是因為這點，才得以快速坐上主管位。

溝通情境題

　　小美在一間報社擔任記者，她平時就很喜歡閱讀一些散文和報章雜誌，而且這份工作不用一直待在辦公室內，有許多外出採訪的機會，上班第一個月適應得相當不錯，也不太需要加班，真心覺得這份工作是自己喜歡的。

　　但第二個月開始，報社收到許多民眾提供的新聞素材，主管便指派小美到現場進行採訪，起初小美還覺得很新鮮，但一直在外奔波，她開始感到疲憊，體力無法負荷。接連三天外出採訪，小美回報社整理好採訪內容後準備下班回家，這時主管突然走過

來說：「小美，你先別走，公司來了一位重要的客戶，要請妳幫忙接待一下。」

小美平時說話隨便慣了，現在又覺得非常累，完全顧不上這是主管的指示，心中只覺得疲憊、委屈，沒好氣地說道：「憑什麼要我接待？現在是我的下班時間，當初我面試的時候，公司也沒說要做這些採訪以外的事情啊！」坐在旁邊的同事趕緊打圓場：「我來幫忙吧，小美可能待會還有事。」

回家的路上，小美思考自己剛才的說話態度真的不太應該，但反省沒多久，又開始為自己辯解，認為自己已連續加班三天，主管應該要體諒她才對。兩個月後，協助接待的同事竟升遷了，小美這才醒悟：都是自己說話隨意惹的禍。

在現今的職場環境，許多主管都盡量和員工打成一片，不讓下屬產生官僚的感覺，時不時和他們開玩笑，久而久之大家都習慣這種相處模式，開始對主管開玩笑，幽默、風趣地說話，讓彼此的互動更為親近。但在職場上，平時沒有任務時或許還可以開玩笑，可一旦有工作在身，這樣的相處模式應立即更正過來，該嚴肅時嚴肅，首重便是說話態度。

無論是剛畢業、踏入職場的新鮮人，還是已經在職場中打滾數年的老鳥，通常都會面臨一種狀況，那就是面對上司時「不曉得該說什麼話」。

這是很正常的事情，職場一定比學校生活要複雜，壓力大得多，每天除了該做的工作外，還有很多待人處事、應對進退上的「眉眉角角」要學習，這些都不是學校會教的，別說新鮮人了，就連職場老鳥有時也會說錯

話、做錯反應，惹得老闆不開心。

在職場上，我們一定有機會跟上司、同事，甚至是老闆談話，有時候可以事先準備，例如會議上的提報、面對客戶的業務銷售等；有時候則是突然的，例如在走廊上碰到上司，他問你工作進度如何，或在開會時突然被點到發言，或是工作上的溝通協調等，都需要我們具備清楚、良好的表達能力。

話說得好，可以避免因為說錯話而誤事，還可以「拯救」你免於成為職場小白、惹人厭，是相當重要的職場生存技能。現今，一般職員往往只會埋頭苦幹，鮮少跟主管互動，甚至是「避開」各種與主管說話的機會，他們的想法或許是「伴君如伴虎」，覺得自己即便不跟著他人爭相諂媚，沒有功勞也有苦勞，主管也會將自己的努力、認真看在眼裡。

但這樣的想法其實已經過時了，如今，一名職員若只會做事不會說話，那肯定會吃虧，因為主管每天忙碌不堪，又怎麼會注意你到底做了什麼事呢？所以那些能力好又會說話的員工，才會比認真工作、沉默寡言的人發展得更順利，因為「會說話」能暢通你的職場人脈，拉近你與上司之間無形的距離，讓你在主管面前更吃得開，升職加薪之路更為順遂。

其實很容易就能發現，一個人如果不擅於言詞，就很難將事情做好，因為順利完成事務的關鍵點，通常在於人際關係之間的溝通，主管、老闆必須懂得說對的話，並和對手談判、領導員工，讓員工信服，願意跟隨他；上班族懂得說對的話，就能處理好事務，表現出自己的優點、廣結善緣，藉由職場上的好人脈，進一步達到自己的目標。

當然，好的工作表現是我們敲開升遷之門的入門磚，好的口才是我們打開人際之門的金鑰匙。如果你總是能把事情處理得盡善盡美，那筆者也

希望你能把話說得好，不然永遠只有你知道自己做了什麼、付出多少努力，唯有你說出來，主管才會知道，才能得到他們的認同，這是職場上永遠不變的道理。

除此之外，有些職場人會認為：「反正只要嘴巴甜就好了。」認為這樣必定能在工作一帆風順，但其實上司多半都不喜歡沒有來由地被「奉承」，他們喜歡的是員工發自內心的讚美（誰都喜歡真心真意的讚美）。也就是說，除了上述提到的「說出來」、「會說話」之外，你還要會「說好話」，如果有好康的事情，主管自然就會先想到那些跟他關係良好、讓他「心花朵朵開」的員工，這也是為什麼有人能成為職場紅人。

很多人都會視「開口說話」為畏途，卻不知道自己為此付出了一些代價。如果你覺得自己不會說話、詞不達意、容易緊張又口齒不清，那最大的學習重點就是「多觀察」、「多說話」。你可以看看公司裡口語表達出色的同事都是怎麼說的，可以聽聽廣播主持人是怎麼說的，試著模仿他們說話的方式，練習出「說話要清楚，語意要明白」的說話方式，你就能慢慢抓住屬於自己的說話風格。

在職場上，像「老黃牛」那般安分地做好自己的事，是工作的基本態度，但除此之外，你更要有變身為「喜鵲」的本領，「喜鵲」的特色是「會說話」、「反應快」、「說好話」等等，這些都是現代職場人必備的基本說話能力。

雖然有些人常說，與其在職場上贏得同事的喝采，不如贏得上司的信任，來得更有效用，當然，同事的擁護能帶來好人緣，但得到主管的信賴和喜愛才能為自己帶來更多的機會；簡言之，贏得同事的擁護是銀，獲取主管的信任是金，可是無論哪一種都是有利而無一害的事情。

10-4　看時機說對話，小細節為傳達力加分

　　成功的語言運用一定是適合說話時的情境，而所謂適合情境，就是要求語言運用與所處的環境相契合，事實上，也唯有語言和環境相適應時，你說的話才能獲得良好的效果，否則即便語句的意思再好，也難以達到預期的目標。

　　《戰國策‧宋衛策》中講述了這麼一件有趣的事，有一個衛國人迎娶新娘，當新娘一坐上馬車，就問道：「前頭三匹馬是誰家的？」駕車人說：「借來的。」新娘就對僕人說：「要愛護馬，不要鞭打牠們。」車到了夫家門口，新娘一邊拜見家人、跨火盆，一邊吩咐隨身的老奶媽：「快去把火盆的火滅掉，要失火的。」一走進屋內，見了石臼又說：「把它搬到窗台下，放這會妨礙別人走路。」夫家的人看在眼裡都覺得十分可笑。

　　上述故事中，新娘說的三句話雖然都是至善之言，但為什麼反而見笑於人呢？原因就在於時機，她沒有掌握好說那三句話的時間和場合。

　　試想，一個剛過門，而且還在舉行婚禮的新嫁娘，竟大剌剌地指使這指使那，就算她的語氣再溫柔，別人聽到難免覺得可笑，由此可見，說話要有好的效果，除了會說之外，是否與說話的環境相吻合、協調，也是一個決定性的因素。

　　俗話說：「話多不如話少，話少不如話好。」與其說一大堆無關緊要、毫無重點的話，不如不要說話，但與其不說話，又為什麼不試著學

習如何把話說得好、說得巧？「一句話說得合宜，就如同金蘋果在銀網子裡。」這句出自聖經的箴言，充分詮釋「得體」不只是用字遣詞，更包括對場合與時機的判斷、聽者心理反應的掌握，以及語言與場景，才能彼此相襯、相得益彰。

　　良好的說話藝術在於—— 在適當的場合，對適當的人，說適當的話。也就是說，在適當的時候，說出一句漂亮的話；也在必要的時候，及時打住一句不該說的話，如有朋友傷心哭泣，這時你不需說話，只要傾聽。此外，討厭的事，要對事不對人地說；傷心的事，不要見人就說；不要在午休、週末時打電話給客戶，在休息時間打擾反而容易引起客戶反感。

　　所謂語言環境，就是指說話時所處的現實環境或具體情況，而構成語言環境的因素很多，包括社會環境、自然環境、交際場合、對話雙方的各種相關因素，如身分、職業、經歷、思想、性格、處境等，當然經專家研究後發現，語言環境可以分成內環境和外環境兩類，或是分成主觀因素與客觀因素兩種。

　　所謂外環境就是所處的地方、時空和場合，內環境就是聽你說話的人，他的內心是什麼狀態或情緒如何等，而這些都是很重要的部分，因此講話時，尤其是在講重要的事情，務必三思而後言，以免禍從口出。

① 少用情緒語言

　　在語言學中，有些詞語除了本身的詞義之外，還具有表示感情、評價的附加意義，而這種附加意義又帶有感情色彩，它們同樣能表明說話者對於某人或某事的評價和態度，也就是說，這類詞彙一進入口語表達之中，便顯示出說話者的愛憎好惡，可說是一種情緒語言。

從總體上來看，專業的公關人員對這類詞語的運用，大多抱持著謹慎態度，並盡量使用同義替代方法，從而改用中性詞語，例如人們以前常把人分為「先進」和「落後」，但「落後」一詞帶有強烈的情緒或歧視色彩，容易讓人產生反感，因此我們不妨改用「質樸」、「復古」等詞替代，雖是同樣的意思，效果卻大大不同，所以如果你不想得罪人，最好不要濫用情緒性的語言，否則不如別說話，免得禍從口出。

② 話要見好就收

會說話的人通常話都不多，許多人說話失敗的原因就是不知道見好就收，反而越講越長，結果往往弄巧成拙。不論你的溝通技巧好不好，千萬不要拖棚（講話最忌冗長），否則就會使好戲變成歹戲，所以要見好就收，讓對方留下深刻的印象。

林語堂先生曾說：「演講就像女人的裙子，越短越好。」說話、溝通當然也一樣。真正的高手，一定是寧可給大家留下回味與想像的空間，見好就收，絕不拖泥帶水、畫蛇添足。留得青山在不怕沒柴燒，呷緊反而弄破碗，給對方留下好印象，對方會更願意聽你講話、和你溝通最重要。

③ 注重聽者的感受

另外，說話時要注意對方的感受，在意他的感覺，不要強詞奪理，更不要激怒對方。盡量避免敏感性字眼，不要刺激對方的情緒，不要讓現場出現對立的氣氛（即使你是站在多數這方也不可以）。

多談正面的觀點，多談你的主張及其優點，少去談別人的主張及其缺點（否則你等於在替別人說）。多講對方喜歡聽的話，少講你想講的話；

多說對方有興趣的事物，少扯以你為主的話題。

　　與人溝通時，要隨時留意緊緊吸住對方的注意力，不要自顧自地一直說下去，在表達中偶爾停頓一下非常重要，就像一首交響樂曲中的休止符是整首樂曲成敗的關鍵。其次，要能把話說到對方心坎裡，不要設法把對方心裡的話（秘密）挖出來；只要我們夠細心、貼心，把話說到對方心坎裡並不難，同樣是抓到對方的心意，前者完全不會引起反彈，後者卻會引起對方反擊與否認。

　　此外，要盡量說沒有攻擊性，但具有影響力、說服力的話，最起碼也不能尖酸刻薄、語帶諷刺，甚至是牽涉到人身攻擊。最理想的表達（說話）就是，能發人深省，卻又幽默風趣，不帶有批判性。

10-5　妙語如珠，幫主管排憂解難

　　其實在一個職場環境，並非身居要職或主管位，就代表他們是無所不能的高手、前輩，有時候他們也需要下屬協助出謀劃策。美國鋼鐵大王卡內基（Andrew Carnegie）曾說過：「我之所以能獲得如此巨大的成功，應該歸功於我的管理團隊，因為我敢用比自己強的人。」

　　當然，並非所有人都像卡內基這般明智、通透，且幾乎所有上司都有一個共同點——不太能接受下屬直言勸諫，或是一些零碎的觀點和牢騷。但這也不代表他們完全聽不進去，而是無法接受他們「隨意」地建議，因此，我們要學著如何將自己的想法表達出來，讓主管、老闆了解外，又恰好說到點子上。

　　跟各位分享一則案例，諮詢者這麼講述著自己的工作經歷：

　　我前一份工作是在建設公司擔任市場企畫，無奈這份工作最後以辭職收場，只因我和當時的主管意見不合。那時，公司在發展新北板橋地區的市場，而我向主管提議也可以發展其他鄰近台北市的地區，例如中永和、新莊……等，政府現在都有在市郊規劃副都心，可以試著從那邊下手，擴大市場占有率。為此，我還特地寫了一份行銷案，但沒有得到主管的認同，他堅持要把板橋的市場做好，我覺得主管太死腦筋，因而和他爭辯，最後落下狠話：「你沒有一點戰略眼光！」我甩門就走，隔天遞出辭呈。

　　雖然這位朋友勇於向主管建言、獻策的精神值得讚許，但他和主管的

溝通方式及態度卻是不妥的，之後又因為意見分歧、產生爭吵更是不可取。身為一名員工，對上司說出「你沒有一點戰略眼光」這類批判性的話語，會瞬間激起雙方的矛盾，結果致使自己損失最多，不僅沒有達到出謀劃策的目的，更丟了一份工作。

由此可見，我們在向主管、老闆諫言時，不是光把話說到點上，還要注意自己的表達方式和態度，筆者曾聽一位大老闆說：「作為老闆，我希望員工能提供系統的問題與解決方案，而不是一昧地說些零碎觀點、發牢騷。」這句話給大家參考，希望各位引以為鑑。

溝通情境題

　　一場酒會上，秘書小米與其他公司的老闆秘書在角落聊天，意外得知自家公司的客戶王董下週滿60歲大壽，但這位客戶行事低調，故沒有多少人知道，想必是不願大肆慶祝。小米這時陷入長考，老闆若知道這個資訊，一定會親自登門拜訪，但又要如何向老闆建議呢？如何在不影響客戶的情況下，又將祝福帶到呢？

　　小米沉思了許久，突然想到一個好方法。隔天上班，小米在老闆得空的時候，向老闆建議道：「我聽××公司的秘書說王董喜歡書法，不如我們找個機會送一套文房四寶，您覺得如何？」老闆聽了笑著回答：「可以，你看著辦吧！」

上述案例中的小米明知老闆會去祝賀，倘若他還白目地說：「聽說王

董下週滿60歲大壽，老闆你要買點賀禮嗎？」這樣的話就缺乏具體性，且這個問題本就是多餘的，兩方之間有合作關係，送禮慶賀是基本的禮貌。所以，小米直接說出具體的賀禮，讓老闆可以根據他的選項直接回覆，才是位稱職的秘書。

但為主管出謀劃策也並非簡單幾句話就好了，以下幾點務必留意。

① 切忌命令式

下屬在向上司提建議時，一定要避免使用命令式的語氣，例如「……是不允許的！」這種否定式的建議，很容易引起上司的反感。有的員工覺得主管生病、身體狀況不太好的時候，可能會說：「您最好去看醫生！」雖是關心，但這種指示性口吻的建議也應避免。

② 語氣委婉

即便提出建議是為了輔佐主管，但主管畢竟還是上司，他作為接受方，需要有一個接受的過程。所以，一些主管在接收他人的建議時，會先本能地反駁幾句，那為了不讓建議被拒，在提報給主管時，記得注意自己的措辭和說話的語氣。

③ 恰當的時機

一般我們在提建議時，最好沒有第三人在場，如果有很多人在場，可能傷及主管自尊心。

④ 確認事實

我們在向主管提建議前，一定要確認自己說的話是否屬實，倘若沒有客觀的依據，那你的建議就無法產生效果，反而會令對方感到不快。

當然，與主管溝通不能只單靠技巧，更要確認溝通效果，溝通不良不是只有技巧不好會造成，懶得溝通或未持續追蹤都可能造成問題產生。所以，我們不但要有好的溝通，還要勤於溝通，才能確保溝通最終的成果。

Chapter **11**

從一對一溝通到
一對多演說

11-1 一對一溝通與一對多演說的差異

　　現在已是全民「自媒體」_{註1}的時代，每件事情幾乎都可以成為廣告、
O2O營銷模式_{註2}上的各種活動，不論是實體還是虛擬，每個動作都傳播著
某種訊息。

　　而人們的溝通方式不外乎「說話」或「使用文字」，假設是採用「說
話」的方式，試問各位讀者，「一對一的個別溝通」和「一對多的公眾溝
通」，何者較為重要呢？

　　英國前首相邱吉爾（Winston Churchill）曾說：「一個人可以面對
多少人說話，就意味著他的成就有多大。」那到底什麼是公眾演說呢？

　　先看「公眾」二字，指觀眾為一群人，那多少人才能稱為「眾」？
《史記‧周本紀》說：「夫獸三為群，人三為眾……」也就是必須有三個
或三個以上的人，才能稱為「公眾」。

　　而「演說」二字，指的是表達觀點所用的方式，「演」就是「表
演」，需要借助肢體語言；「說」則為「說話」，需要借助有聲語言。因
此，我們必須將有聲語言及肢體語言結合，才能稱為「演說」。

　　至於完整的「公眾演說」，也就是在公眾場合上對公眾發表言論的一
種演講形式，同時面對三個或三個以上的人，利用聲音和肢體動作來表達
自己的觀點；與之相對的則是筆者前面章節跟大家探討的「個別溝通」。

　　從小到大，每個人應該都有過在公開場合說話的經驗，例如課堂上的

心得分享、校內外的辯論比賽，或是出社會的面試、主持公司會議或報告……等，都算是公眾演說，甚至與競爭對手、合作夥伴的商議談判，都帶有公眾演說的性質，而這些現實狀況難以避免。

美國幽默作家馬克‧吐溫（Mark Twain）絕大部分的收入，其實來自於演說，而非大家所認為的寫作，他曾說：「演說家有兩種，分別是會害怕和會說謊的。」對多數人來說，站在講台上說話就像是身上沒有背降落傘，被迫從高空的飛機上一躍而下那樣，令人感到恐懼。

國外許多研究都做過「人類害怕的事物」的相關調查，例如《The Book of Lists》雜誌發表了「人類最恐懼的事物」，受訪了3,000名美國人，排行榜前10名如下：

No. 1　在群眾面前演說

No. 2　高處

No. 3　昆蟲

No. 4　貧窮

No. 5　深水

No. 6　疾病

No. 7　死亡

No. 8　飛行

No. 9　孤獨

No.10　狗

我們很容易理解為什麼人們會害怕「高處」、「深水」、「疾病」，

因為這些事物可能導致死亡，但沒想到「在群眾面前演說」竟會超越死亡帶給人們的恐懼，可見我們多害怕站在講台上面對觀眾。

經過長時間的演化，基於生物的本能，會認為幾種情況不利於生存，那就是「沒有武器」、「處於戶外無處躲藏的地域」、「孤立無援」和「站在一大群盯著你看的生物前面」。

在歷史經驗中，生物明白身處在上述幾種情況會非常危險，因為極有可能遭受攻擊。相對的，當肉食性動物成群結隊外出獵食時，牠們最容易獵捕到的，就是那些落單、沒有武器，或是待在幾乎沒有遮蔽物地區（沒錯，就像是講台）的動物。

人類的祖先也是倖存下來的生物，因此也會對這些情境本能地產生恐懼，即使台上的講者表現得一派輕鬆，然而在上場前，他的大腦和身體一定或多或少會感到恐懼，只是程度上的多寡而已。所以，只要你能克服恐懼，成為一名出色的演說家，便能在事業、生活上占盡優勢、無往不利。

而成為公眾演說家，並不需要什麼祕密武器，你也不用是傳教士、政治家，才能在群眾面前說話，就算你只是位素人，也可以透過學習演講技巧，自然地站在人群面前說話且毫不畏懼。

公眾演說和個別溝通的技巧是完全不同的，這兩種技巧在平時生活和工作中都使用的到，當你和一、兩個人說話時，使用的是「個別溝通」，多於三個人時，就可以改用「公眾演說」的技巧。

看完前面章節，相信你已經很清楚如何一對一溝通了，但你仍有可能不知道該如何公眾演說，碰到開會、報告、活動等需要面對群眾的場合時，不曉得如何準備、表現才好，可是你並非沒有專業，也不是口才不好，只是因為不知從何著手，所以無法有完美的表現。

一般來說，擅長個別溝通的人，不一定擅長公眾演說，但擅長公眾演說的人，大都也擅長個別溝通，因為個別溝通針對的是個人的差異，而公眾演說針對的是群體，但也可以反過來套用在人數較少的場合上。在個別溝通和公眾演說時，我們要練習做到下列幾點：

- **因地制宜**：能巧妙應對各種人。
- **巧用稱讚**：能依據對方特質，選擇不同的稱讚語。
- **男女有別**：性別不同，溝通方法不同。
- **找對話題**：興趣不同，話題不同。
- **因人制宜**：地位不同，態度不同。
- **年齡有別**：年齡不同，說法不同。

能與人個別溝通，來自於對「人」的了解，我們每天都會跟不同的人密集接觸，經驗一多，就會越來越了解如何溝通；然而群眾的反應，卻來自於我們對「人性」的了解，我們要在了解個人差異的基礎上，不斷整理、歸納與實踐，掌握個別差異下的人性規律。這個過程並不容易，必須經過許多場實戰經驗，才能逐漸摸索出正確的方向，也就是說……

成功的公眾演說＝大量的實戰經驗＋從失敗中修正的經驗

然而，大量的實戰經驗對一般人來說是不容易的，因為一般人通常不會有公眾演說的機會，而且，當有公眾演說的機會時，通常就等同於上戰場，已是相當重要的場合了。例如：公司內部的會議報告、銷售產品或服

務的銷售式演說、創業家的項目募資路演等，倘若在這種場合失敗，你付出的代價將非常大，因為可能沒有下一次的機會了。

也因為多數人的生活中，並不常有公眾演說的機會，導致人們普遍缺乏演說的能力，反之，具備公眾演說能力的人，受到注目的程度也會因此提升，使個人影響力與魅力加倍，而這也是替自己的收入產生良性循環的關鍵。

有許多人在和人聊天、溝通時，常會遇到不知道該說什麼的時候，如果你經常發生這種沉默的尷尬窘境，筆者提供以下話題來拓展聊天範圍。

- **電視上最新的議題**：例如最新的手機功能、討論度最高的電影及戲劇⋯⋯等。
- **天氣**：例如下週二會有寒流、連假的天氣狀況。
- **興趣**：到花市買了幾盆花或去跑步、游泳等。
- **生活瑣事**：例如「兒子吵著要買⋯⋯」或是「買了新的吹風機，可是買貴了⋯⋯」等。
- **美食**：可能公司附近的披薩店大排長龍⋯⋯等。
- **旅行經驗**：好比去台中一定要到后里騎腳踏車。
- **偶像、八卦**：公司行銷部的某某同事要結婚了，或是某藝人要退出演藝圈。
- **各種冷知識**註3：鍵盤上的細菌比廁所要多⋯⋯等。

當你不知道要說些什麼的時候，就可以試著開啟上述的話題，但千萬不要將這幾個話題當作主要的聊天內容，稍加帶過就可以，你可以參考以

下溝通方式。

「您好，初次見面請多指教。」當你面對初次見面的人時，對方多少會有些緊張，所以當你自我介紹完之後，為化解彼此緊張的氣氛，你可以先聊聊天氣，例如：「今天天氣真好」、「天氣又變暖和了」……之類的。聊完天氣後，可以接到：「我早上出門都會看氣象預報，然後再看看重點新聞，那個某某藝人好像又失言了？」加入一些與時事相關的話題。

記住，說話時一定要適時地加入「轉折」，必須要會「穿插話題」，當你聊過這兩個話題之後，大致可以掌握對方的「情緒」，甚至是「性格」，進而調整自己應對的方式。如果對方擅長溝通或很愛說話，此時大概已經將發言權搶走，開始議論自己的看法。

人可以分成「視覺型」、「聽覺型」、「感覺型」、「觸覺型」四種，你要觀察對方是哪種類型，因為面對不同的人要有不同的做法。當對方是個愛說話的人時，你就得「傾聽」，因為對愛說話的人來說，你的「傾聽」也是一種「口才」，讓他說個暢快，而你盡責地「傾聽」，所謂的「好口才」有各式各樣的方式，卻少有一成不變的。

反之，對方如果是較有戒心或怕生、容易緊張的人，他可能就會答非所問或毫無回應，在演說場合上，一個厲害的講者，他不會自顧自地發表言論，懂得看台下觀眾的反應如何，講者與台下聽眾的互動相當重要。

所以，如果對方對最初開啟的兩個話題（天氣與電視最新話題）都沒反應時，你就得改變談話的內容。當你碰到不愛說話的類型時，上述的話題就得全部改成疑問句，目的就是要「讓對方開口回答」；也就是說，這些話題不再只是為了打破尷尬，而是要想方設法地讓對方開口說話。

如果對方是女性，你甚至可以針對衣服、飾品、包包等，從女性「可

能的喜好」來發問，例如：「這個包包很好看，顏色很漂亮，在哪裡買的呢？（記得補上提問）我妹妹也很喜歡這款式。」只要是眼睛看得到的外在事物，都可以變成聊天話題。

當你到客戶家登門拜訪時，也要注意玄關的擺設狀態，因為那些物品之所以被置放在玄關，就代表主人希望客人進門時能注意到。你可以從生活中的各種明示、暗示中，找到對方的興趣所在，接著再輕鬆提問，等待對方的回答即可。

記住，找話題閒聊的重點並不是要我們自顧自地說個不停，而是要設法讓對方開口說話，這才是我們最終的目的，如果對方的話很少，甚至完全不想說話，你就得想盡辦法讓他開口說話。

順帶一提，我們一般在說話時，通常都會有口頭禪，如果要改善口頭禪的問題，你可以將自己說話的樣子錄下來，觀看自己的影片去找出問題點，千萬不要不好意思看自己演說的畫面，因為那能幫助你改善不足之處，當然，你也可以請他人給你一些建議。

註1 ▶ ：自媒體譯自Self-media，由於部落格、微博、共享協作平台、社群網路等興起，使得每個人都具有媒體、傳媒的功能。

註2 ▶ ：O2O為Online To Offline之縮寫，意為「離線商務模式」，指線上營銷、線上購買帶動線下經營和線下消費。

註3 ▶ ：冷知識是指無價值、瑣碎、龐雜的事情或知識等，可能饒富趣味，且充斥在我們生活周遭，但鮮為人知。

11-2 公眾演說讓你打開個人知名度與影響力

俗話說：「酒香不怕巷子深。」意思是酒如果釀得好，就算店開在很深的巷子內，也會有人因聞到香味而前來品嚐。

然而時代在變遷，在資訊爆炸的社會裡，我們不能再消極地等待過客發現我們的酒香，然後等待漫長的口耳相傳過程，因為美酒就是人才，即使是「千里馬」，也需要完美包裝、自我推銷，才能贏得伯樂的賞識。

現在社會競爭激烈，人才濟濟，想在社會上取得一席之地或找到一份穩定的工作，就得讓別人先了解你。好比在求職面試中，被面試官了解的途徑，除了履歷外，就剩你的言談舉止了，一位沉默寡言的人不會因為說錯話而喪失機會，卻會因為沒有說話而喪失更多的機會。

舉例來說，教育界裡有多少老師學富五車、才高八斗，卻因為不擅言詞，致使學生在課堂上昏昏欲睡，教學評鑑被打了相當低的分數；職場上又有多少員工明明好點子一籮筐，專業技能也掌握得比別人嫻熟，但卻因為不擅言詞，而不能一展身手，無法獲得主管的器重。

你也許會想：「我只是位學生、只是名普通的上班族、家庭主婦；或已身為老闆，這種事交給員工、下屬就好……等等之類的，為什麼還要學習公眾演說呢？」沒錯，你的天賦不一定在演說上，你不一定要成為講師、演說家，也不見得有上台說話的機會，但演說作為語言特有的表達形式，不僅是一種強而有力的溝通手段，更包含豐富的資訊，能宣傳你的意

思，展現個人魅力，拓展廣大的人際關係，在生活、社會中發揮重要的作用；講者不僅能透過演說讓觀眾理解和接受自己的觀點、主張，更能號召台下的人採取一致的行動。

開口說話，就是為自己「打廣告」，我們經常看到許多不善說話的人遇到尷尬情況，他們的話語總無法準確表達出自己的意圖，讓聽者難以理解，更別說產生共鳴，接受講者的意見，造成溝通上的各種困難，影響工作、生活。

成功者不一定要有好口才，但擁有好口才的人更容易成功，除了能言善道外，還要說得對、說得好，如此一來，得到的就會是你想要的結果，這也是公眾演說的威力所在，與一對一溝通最大的差別。

一對多的公眾演說，可以幫助你突破內心的恐懼與自卑，提升自信與個人魅力，強化你的說服力、領導力和競爭力，只要你可以在公眾面前說話且毫不畏懼，力量就能倍增百倍。

有時候演說不只是一門說話的學問，它更多時候是能讓你發揮個人魅力，為你贏得掌聲與勝利。前美國總統歐巴馬（Barack Obama）就是一個經典案例，當年歐巴馬在開始競選時並沒有特別佔上風，但他的演說能力為他加了許多分，在競選過程中，連歐巴馬的夫人蜜雪兒（Michelle Obama）也開始藉由公眾演說幫他造勢、提高聲量。

如何吸引更多的媒體、到不同地方發表公眾演說，不斷宣傳自己的執政理念，持續拉選票，這就是歐巴馬競選美國總統成敗的關鍵之一。2004年尚沒沒無聞的歐巴馬正在競選聯邦參議員，當時他被派任發表民主黨黨綱和政策的「基調演講」（Keynote Address），他親自擬了一篇主題為《無謂的希望》的講稿。在演說中，他提出消除黨派分歧和種族分

歧，實現「一個美國」的夢想，由於他的演說慷慨激昂，歐巴馬如一匹迅速竄紅的政壇黑馬，成為全美知名的政界人物。

歐巴馬非常善於演講，雄辯的口才、燦爛的笑容，比明星更有光環，從基層一路走到白宮，他極具個人魅力的演說，俘獲了眾多美國人的心，成為美國矚目的政治明星，也為他日後入主白宮奠定了堅實的基礎，後來順利當選美國總統，成為美國史上第一位非洲裔黑人總統。

歐巴馬的演說風格流暢恢弘，字字擲地有聲、句句催人奮進，激發年輕選民的熱情，他那穿透力十足的嗓音，也使他每一場演說都緊緊抓住群眾的心。

古今中外，歷史上從不乏能言善辯之士，從蘇格拉底、馬丁・路德・金恩到歐巴馬，他們那成功的演說左右了十人、萬人的情緒，好的演說能將觀眾帶入講者的世界，讓觀眾隨著演說的內容忽喜、忽悲，或在會心處捧腹大笑、動情處潸然淚下。

中國央視先前有一節目《贏在中國》，身為節目嘉賓的馬雲，就用他的三寸不爛之舌，收服了無數電視機前的觀眾，不只替自己做了免費的形象廣告，之後又利用資源，將點評彙整，寫成一本《馬雲點評創業》，賺稿費的同時，也為自己累積人氣，不僅提升個人魅力，這些演說對馬雲的影響力也有極大的正面提升。

馬雲並非等到自己成功後才開始到處演說，大放厥詞地發表自己獨特的看法，在馬雲創業的過程中，他的嘴巴從沒有停過，利用諸多場合來傳播與推銷，成功宣傳自己、擴大自身的影響力。

而這就是公眾演說的威力，演說就是宣傳、行銷，是擴大品牌知名度和影響力最有效的方式，特別是在創業初期，大多不會有充裕的資金去曝

光、廣告，這時你就可以透過公眾演說來提升魅力之餘，也為自己推開財富之門。

美國前國務卿丹尼爾・韋伯斯特（Daniel Webster）曾說：「如果有一天，神祕莫測的天意將奪走我全部的天賦和能力，我會毫不猶豫地要求祂留下口才——有了它，我便能快速擁有一切財富。」好口才不只能幫助我們推開財富之門，還能有效解除危機。與讀者們分享一則故事。

有一位畫家因擅長繪製牡丹而聞名海內外，在他旅居海外期間，一位美國國會議員慕名買了一幅牡丹畫，很高興地將畫掛在家中客廳。某天，一位華人朋友到家中拜訪，看到掛在客廳的畫之後直說十分不吉利，因為這幅牡丹並沒有畫完整，在東方，牡丹代表著富貴，若不完整豈不是「富貴不全」嗎？

議員聽了之後大吃一驚，認為這幅不完整的牡丹圖，代表畫家對他不尊敬，要求畫家向他道歉，並賠償損失。這時畫家靈機一動，告訴這位議員：「既然牡丹代表富貴，那缺了一邊，不正是代表『富貴無邊』嗎？」議員聽完如此解釋，又開開心心地把畫帶回家了。

試想，如果這位畫家沒有好口才，那他豈不是要賠償議員的金錢損失，他的名譽更會因此受到嚴重影響，而畫家巧妙的答覆讓雙方皆大歡喜，妙轉了這場危機。因此，就算說話是你的罩門，你也必須克服，不求完美，只求更好，唯有出色的公眾演說能力，才能讓你的事業越發成長，順利打開人脈與財富之路。

11-3　如何克服人群恐懼？

　　當遇到需要（或被迫）上台說話的時候，多數人的反應通常會是：「一定要上台嗎？……好緊張，可以不要嗎？……」

　　在公眾演說之前，講者最重要的準備工作之一就是「克服內心的恐懼」，講者要能表現出專業和自信，要能毫無畏懼地上台，落落大方地為觀眾進行一場精采、有收穫的演說，這是觀眾對講者普遍抱有的期待。

　　人際關係學大師戴爾・卡內基（Dale Carnegie）畢生從事演說教學事業，他曾分享自己的經驗，說道：「我一生都致力於協助人們克服恐懼、增強勇氣和信心。」許多人害怕當眾說話的原因，多半是害怕上台之後忘詞、出洋相，這種恐懼心理就是「怯場」，就連馬克・吐溫也說：「每次演說的時候，我都覺得自己的嘴裡塞滿了棉花，有點不知所云。」即使是經驗豐富的演說家，走上講台、面對眾多觀眾時，也免不了感到些許緊張，更不用說一般人了。

　　在職場中，逐步晉升到管理階層後，你會發現口才和表達技巧越來越重要，就像一國的領導人不可能永遠躲在幕後工作，你需要站在員工面前，甚至是在群眾面前，你必須發出自己的聲音、說出自己的意見，這是職責所在。

　　當你的內心感到惶恐不已，甚至身體開始微微顫抖時，可以試著運用一些技巧，來協助你的演說表現更自然、完美。據說NBA洛杉磯湖人

隊的教練菲爾‧傑克森在每場比賽之前，都會進行最少45分鐘的臨場想像，他也常要求運動員進行心理訓練，讓他們不斷想像把體能發揮至極致的感覺。

當面對即將上台的緊張、無助時，你可以進行積極的自我激勵、自我催眠，給大腦和內心良性的自我暗示，例如：「我準備充足，絕對沒問題！」、「我一定能帶給大家一場極有收穫的演說！」、「不習慣只是剛開始，我馬上就能進入狀況！」並想像演說正在進行，你就像平常一樣正常發揮，自然地上台、行禮、自我介紹……並運用手勢增強演說的感染力，接著微笑走下舞台，台下響起雷鳴般的鼓掌聲。

只要你能運用積極的心理暗示，為自己打氣、找回自信時，大腦就會活躍起來，產生意想不到的力量，這樣實際上台演說的時候，就會致力於「完成想像」，完成你上台前的「內心彩排」。

電影《王者之聲：宣戰時刻》根據英國真實歷史故事改編而成，描述英國國王喬治六世當時是如何治療口吃。為了能順利發表各場演說，喬治六世經歷了非常艱辛的語言訓練過程，才使他的口吃狀況大為好轉，喬治六世向正逢二戰期間困苦的人民發表演說，其聲調鏗鏘有力、富含感情，強烈鼓舞了英國的士氣。

可見，「大量練習」是一場成功演說的必經之路，常有許多演說能力很好的講者，會給人一種「假象」，那其實就是為了保持權威感，而刻意不提自己練習時辛苦的過程，讓觀眾誤以為講者的演說能力是天生的。

因此，從一國的領導人到路邊的小販，他們若能滔滔不絕地說話且言之有物，這都是練習的結果。至於引人入勝、打動人心的演說，更需要專業的訓練與長時間的練習，當然，也有天生口才好的人，但他們是非常少

數的魅力型演說者，並不是每個人都能掌握臨場發揮的效果。

　　蘋果創辦人賈伯斯（Steven Jobs）總率領著團隊演練上百個小時，才能完美地演出一場讓全球觀眾熬夜等待的產品發表會；前Google、微軟、蘋果副總裁李開復也曾發文分享演說經驗，他表示：「為了成為出色的演說家，我要求自己每個月演說兩次，而且若沒有事先排練三次以上，絕不會上台，且我每次都會請同學或朋友旁聽，給我一些意見。我每個月還會安排去聽名人演說，向優秀的演說家請教。」

　　多數人通常都會將講稿背得滾瓜爛熟，就是為了在腦袋空白時，也能產生本能反應，流暢地說下去，思考一下，在上台前你得練習幾次才能將講稿完全內化為自己的一部分呢？

　　公眾演說的緊張來自於缺乏信心，來自於不知是否能順利達成演說任務與效果的擔憂，演說前一天通常都會非常緊張，尤其是觀眾很多的時候，但觀眾根本不理解你的緊張，因為他們認為自己是來聽分享的。

　　因此，你必須將緊張、擔憂轉化為助力，而非干擾你的阻力，你可以告訴自己：「適度的緊張能讓我表現得更好！」、「台下會有觀眾喜歡我、支持我！」無論你的表現是好是壞，台下的觀眾都會給予你最大的支持和掌聲。

　　在演說之前，你可以思考內容會對觀眾產生什麼好處？在每次演說之前自問這個問題，從觀眾的角度來思考，和他們互動，表現得就像你和朋友相處那般自然，不再那麼緊張、焦慮，專注在演說的內容上。

　　當你開始緊張時，可以看看台下那些看起來面善的觀眾，使你感到溫暖與放鬆，你更可以替自己鼓掌，因為你擁有這個機會，並願意鼓起勇氣克服內心的恐懼上台。當然，在演說的過程中，難免會出現一些突發狀

況，產生失誤，許多人會念念不忘當下那個「不應該的」、「令人難堪的」失誤而心不在焉，導致後段的表現也受到影響，所以「無視失誤」是講者非常需要練習的心理調適技巧。

就像歌手不小心忘詞、運動選手一直想著最初發生的失誤，那就很容易接著出錯。如果你真的腦袋空白，不妨大方承認，因為觀眾看著你在台上不知如何是好，也難免覺得尷尬，希望表演、演說能順利進行下去。

也就是說，無論台上發生什麼狀況，當下只要告訴自己「狀況已經發生了，所幸並不嚴重，只要專心在後續的表現，一樣是場很棒的演說！」演說家少有天生，幾乎所有的講者在正式登台前，都需要進行一些心理建設，沒有誰一上講台就能和觀眾侃侃而談，完全不會怯場、出錯，且即使你出錯了，沒有人會一輩子記得那個錯誤，你只要微笑帶過就好。

當我們面對登台前的緊張時，只要將演說內容的準備工作做好、做足，讓自己平靜下來，確保自己能以平常心發表演說，多給自己積極的心理暗示，就能完成一場成功的演講。

11-4 一場好演說的關鍵

　　要創造出一場好演說需要符合許多標準，所謂「好的演說」其實就是「用自己的話，替別人的想法或說法下自己的注解」，讓觀眾明確知道「你要做什麼」，比「你是誰」更重要，進而再解釋「為什麼是你，而不是別人」。

　　演說表現差的原因通常是「內容乏善可陳」，也就是講者肚子裡的墨水少，以及「表達能力不好」，講者的言語和肢體語言表達模糊，觀眾無法理解他所要傳達的意思為何。例如，說話繞圈子，說不到重點、無視他人感受，不管順序輕重，一股腦地全說出來，或是說話沒有自信、照本宣科唸講稿……等等。

　　在職場上，有些人想巴結上司，在彙報工作時滔滔不絕、事無鉅細地統統上報，殊不知這樣的說法反而讓人感到厭煩；有些人在管理下屬時，為了表現出自己富有水準，說起話來總喜歡穿插英文或專業術語，自以為高人一等，但其實對方聽得相當不耐煩。

　　演說也是如此，並非一味地賣弄文采或吹牛就可以讓觀眾信服，要成為演說高手，需要有深厚的文化、知識、經歷或專業等作為後盾，有品質良好的講稿後，就需要講者勤加練習並內化，才能讓演說更完美。一場演說通常會有三大基本要素，如下。

① 不完美的主角

幾乎所有的書和演說都會有一個吸引人的主題，好比主角小時候相當貧窮或一生飽受挫折、不順遂。

② 目標要夠偉大

例如主角的目標是成為光宗耀祖的台灣首富，那就要讓觀眾融入故事，產生和講者一起努力的奮鬥心境。

③ 不放棄的堅持

要具備「不放棄」的元素，因為屢敗屢戰才能產生撼動人心的力量。前英國首相邱吉爾於劍橋大學的一次畢業典禮上，發表了史上最短也最知名的一場演說，場內有上萬名學生等待邱吉爾出現，邱吉爾在隨從的陪同下步入會場，緩緩步上講台，他將外套和帽子脫下交給隨從，然後注視著所有的觀眾，約莫過了一分鐘後，他說……

「First, never give up！」（第一點，永不放棄！）

「Second, never never give up！」（第二點，永不，永不放棄！）

「Third, never never never give up！」（第三點，永不，永不，永不放棄！）

說完這三句話，邱吉爾便緩緩穿上大衣、戴上帽子離開了，場內鴉雀無聲，一分鐘後，當所有人反應過來時，全場爆發出許久不息的掌聲。

邱吉爾用自己一生的成功經驗告訴人們：第一個秘訣是堅持到底，永不放棄；第二個秘訣是當你想放棄的時候，回過頭來看看第一個秘訣。而

一場好的演說，基本必須具備以下幾點關鍵。

① 避免嚴肅的主題或死板的內容

「幽默」往往是一場演說中最吸引人的調味料，如果能在演說中加入適當的幽默感，你的內容會更容易被觀眾接受，那要如何加入有趣的內容呢？你可以平日就多蒐集各方趣聞，將生活中有趣的片段轉化為笑料。

你也可以使用比喻法或類比法，好的「浮誇」方式，特別是演說中的「演」，往往能產生喜劇效果，吸引觀眾的注意力。或是說一些比較負面、嘲笑的話，但記住不能「嘲笑別人」，如果一定要批評，也要記得轉個彎，用故事來反諷，像楚國大夫宋玉《風賦》就是如此。

宋玉曾向楚王說一個《風賦》的故事，他說：「風啊，有兩種，一種是好的風，一種是壞的風，好的風會吹到好人，帶來好的結果，壞的風會吹到壞人，帶來壞的結果。」其實他是在反諷楚王不幸被壞的風吹到，導致國家發生不好的狀況，所以要趕快引入好的風，讓國家恢復往日盛景；其深層的意思就是委婉地向楚王表示「反正都是別人的問題，不是你楚王的問題，但是該改的地方還是要導正為宜。」這就是轉個彎罵人，你若真要罵人或嘲笑別人，也得轉個彎。

② 別讓觀眾有「默背講稿」的感覺

演說時，要用感情輔以肢體語言來和觀眾對話，臉部表情可以誇張，但肢體語言不宜太過浮誇，否則容易分散觀眾的注意力。演說時也要注意音調的抑揚頓挫，可以讓你更強調重點，觀眾能吸收多少內容，往往由講者說話的速度快慢和用詞難易度來決定；觀眾關注講者的程度，則是由他

們對講者的感覺決定。

　　且好的演說要讓人感覺講者自然而真誠，請塑造出一種與朋友聊天的感覺，若能讓觀眾感到放鬆且毫無防備，你就有可能完成世上最難的兩件事，也就是「把你的思想放到觀眾的腦袋中」，然後「把客戶的錢放進自己的口袋中。」

③ 適當的停頓

　　對於口才不好的人，或因為「口才太好」，以至於常說廢話、說錯話的人來說，「停頓」是非常好的思考武器，適時地沉默往往能使聽者警覺而回神，注意聽講者接下來會說些什麼；「停頓」能激發觀眾的好奇心，沉默也有助於加強演說中故事的戲劇效果，尤其是當你強調了重點或說笑話之後，一定要停頓，讓觀眾牢牢記住你的重點，或是笑得更大聲、更久一些。

④ 說故事更具人性、更有說服力

　　舉例來說，當你在做銷售式演說時，如果只懂得強調產品或服務有多好、多有效果，倒不如給顧客一個真實案例的故事，以此打動他。

　　你可以說自己的、別人的、品牌的故事，在過去經驗中，一段演說最受歡迎的往往是歷史故事，所有的故事都要經過內化，參透其中的涵義、含章內化，對外才能清楚地行文若水。天下所有問題的解決之道便是「換位思考」，說故事的角度如果能換位思考，效果將會加倍，並且「對比」要足夠強烈，故事才會精采！

⑤ 用熱情感染觀眾、點燃世界

那些能激勵人心的經典演說，講者大多具有相同的特色，他們對自己的演說內容感受十分強烈，並且充滿熱情，打從心底認為自己的想法一定對觀眾或對世界大有益，因而急切地想與大家分享。

當然，熱情不限於言語，有人說出來、有人寫出來、有人唱出來，更有人舞出來……如果你對一件事的想法是「有的話很好，沒有也無所謂」，那這件事一定不是你的熱情之所在；反之，如果你很願意去做一件在責任與義務之外的事情，熱情很可能就出現了。也就是說，轉折點就在於「有沒有什麼事情感覺非做不可？不做會終身遺憾？」

只要靜下心來，問問自己內心深處的渴望是什麼？就可以聽到來自心中的回應，但千萬不要因為內心的回應與你原本的想法不符，就馬上否決內心的聲音。

如果你做一件事情，總覺得不太對、很無聊，對這件事情毫無興趣，那就應該盡快停止；如果你老是魂牽夢縈著一件事情，覺得不去做實在是一種遺憾，那這就是你熱情之所在，得趕快去做，如果你抱持著這種心態去執行，最後一定能有所成就。

熱情，非常重要，要做你有熱情的事，但記得不要將賺錢視為熱情，而是要將賺錢看作熱情所帶來的附加價值，這也是為什麼有錢人能持續賺到錢的原因。

⑥ 新奇的見解、不同的角度

在演說內容中，最好的亮點、賣點其實就是「新鮮感」，只要換個角度表達，往往就能讓舊聞、舊識變得新奇且讓人印象深刻。新見解與新角

度依靠的往往是「聯想力」，而訓練聯想力最好的方法便是「心智圖法
（Mind Map）」。

「心智圖法」又稱為心智地圖、樹狀圖等，由英國的心理學家東尼·
博贊（Tony Buzan）於一九七〇年代提出的一種思考輔助工具。

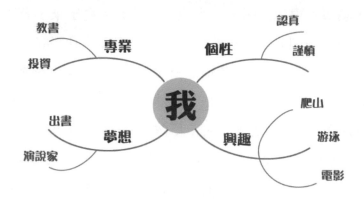

請參考上圖，心智圖是透過在平面上的一個主題出發，畫出相關聯的
事物，像一個心臟及其周邊的血管圖，故稱為心智圖。由於這種表現方式
比單純的文字更接近人們思考時的空間性想像，因此有越來越多人使用於
創造性思維中。

⑦　有情境畫面，觀眾才會有感覺

在演說中，任何複雜的內容都可以用故事與畫面表現；任何高深的理
論，都可以用圖像和數字簡化，你的畫面描述要能感同身受，讓觀眾有身
歷其境之感，像TED最受歡迎的演說，幾乎都是充滿真實感的想像力描
述。讓觀眾產生感受的往往是非語言的力量，也唯有讓觀眾有所感受，他
們才能記住內容，才有可能接受你要傳達的思維。

「六識」為六種感官認知的功能，分別是「眼識」、「耳識」、「鼻

識」、「舌識」、「身識」及「意識」，若演講中注意到各感官，能讓你的演說內容更形象化，因一個好的演說在於，講者是否有吸引到觀眾的「眼睛」、「耳朵」、「鼻子」、「舌頭」、「身體」與「意念」。

那什麼是意念？就是「魂」，佛家說「輪迴」，就是輪迴人的「意」或「識」，可以合稱「意識」，意思是指有「意識」在輪迴，而非「肉身」。也就是說，如果你想要感動人，不能只是讓觀眾的眼睛看，讓他們的耳朵聽而已，還要把觀眾的「魂」勾出來，你可以運用以下技巧。

- **單字頂真**：「抽刀斷水水更流，舉杯消愁愁更愁。」其中的「水水」和「愁愁」就是單字的頂真。
- **單詞頂真**：「綿綿思遠道，遠道不可思；忽覺在他鄉，他鄉各異縣。」其中的「遠道」和「他鄉」就是單詞頂真。
- **整句頂真**：「吾人擁有最真實的存在──只要我們有根／只要我們有根／縱然沒有一片葉子遮身／仍舊是一棵頂天立地的樹。」其中的「只要我們有根」和「只要我們有根」就是整句的頂真。

頂真是非常棒的修辭法，在演說的時候要盡量運用，它並非不斷重複一句話而已，這個演說技巧能有效地將觀眾的注意力拉回來。你也可以試著使用「首句重複法」，這也是能吸引觀眾注意力的修辭法，好比⋯⋯

「真相，人民都希望不受拘束⋯⋯
真相，可以質疑怠惰的姑息主義和冷漠。
真相，告訴我們什麼可行、什麼不可行。

真相，若能被傾聽並關注……

真相，是當今唯一能讓我們放聲吟唱的……」

⑧ 讓觀眾留下驚嘆號

一場演講是否成功，可視數年後觀眾們是否還記得這場演說來作為指標，觀眾一般會隨著時間久遠，而逐漸淡忘演說內容，但卻可能對演說中一個震撼的片段難以忘懷。

如果是銷售式演說，意思等同於「成交不在一時」，日後都有機會，因為如果沒有人記得你的演說，日後也不再有機會了。那如何讓觀眾永遠忘不了呢？例如：善用道具、凸顯創意、設計人心、吊足胃口、不合常理、結局出人意料、讓觀眾不斷問為什麼……這些都是不錯的方法。

當講者演說結束，要離開講台之前，應向觀眾點頭示意或稍作鞠躬姿勢，然後再面帶微笑地退場，且退回座位時不要過於激動、匆忙，不要洋洋得意，也不要過於羞怯，如果掌聲許久不息，講者要再次上台表示謝意。

演說結束後，講者也可以由主持人陪同先行退場，若觀眾出於禮貌地起身熱情鼓掌，你也要熱情回報，向觀眾致意，直到走出會場。

11-5 練就最會說話的自己

　　學會公眾演說，對於實現個人目標有著至關重要的作用，而要練就一副好口才，首先就要了解「什麼是會說話」，其標準是什麼，只有如此，我們才能在口才的練習中，達到事半功倍的效果。

　　那什麼是好口才呢？有不少成語常被用來形容人們說話的特徵，例如：「滔滔不絕」、「口若懸河」、「三寸不爛之舌」、「巧如舌簧」等，從古至今，人們經常用這些詞來形容一個人如何能說、能辯，但說話滔滔不絕、口若懸河的人，就擁有一副好口才嗎？不一定。

　　某公司要精簡人員，從兩個司機縮減到一個，但這兩名司機的開車技術都相當好，老闆無法做出抉擇，於是他請司機們進行簡單的自我介紹。

　　A司機說了一堆，說自己如何會開車、服務有多好等；而B司機只說了幾句：「我以前是怎樣做，以後也會這樣做。我始終遵守『聽得說不得』、『吃得喝不得』還有『開得用不得』，如此而已。」

　　老闆一聽，覺得B司機非常好，「聽得說不得」代表他的嘴巴很牢，就算聽到公司機密也不會洩漏出去；「吃得喝不得」說明這個司機知道責任在身，要保證老闆的安全；「開得用不得」則說明司機公私分明，不會隨便使用公務車。

　　B司機說的重點突出，用語簡潔，讓人清楚明白，更能感受到他的行事幹練，最終順利留在公司，未被裁員，由此可見，「滔滔不絕」、「口

若懸河」並不是衡量口才優劣的主要標準，言簡意賅也是會說話的一種表達方式。

對於會說話的標準，並沒有任何檢定可認定，但是在人們溝通、交流的過程中，逐漸形成了幾點為多數人所認同的接納標準，例如：要能「言之有理」、「言之有物」、「言之有序」、「言之有禮」、「言之有采」，當然，五項全能不是太容易，但希望這能成為各位欲上台演說的讀者們一個努力的方向。

①　言之有理：有禮走遍天下

如果一個講者的道理不清、邏輯不通，黑的硬要說成白的，終究不可行，如果你的言談中充滿著哲理的光輝和智慧的火花，那觀眾自然會對你產生敬仰之情。

②　言之有物：增加肚子裡的墨水

「口才」，從字面上理解，是由「口」和「才」組成，「口」是口頭表達能力，「才」是提供我們表達的知識、才學。有口無才，便是山中竹筍，嘴尖皮厚腹中空，《周易》上說：「君子以言有物，而行有恆。」言之無物，聽者就會昏昏欲睡，而要做到言之有物，平時便要不斷擴展自己的知識面，增加自己的知識儲備量，廣泛閱讀，多和有學問的人交流，像閱讀報章雜誌等，也是開闊眼界、增加學問的途徑。

③　言之有序：別跳躍式地發表意見

戴爾・卡內基在其著作中曾說：「如果一位演說家從一個問題跳到另

一個問題,然後又回過頭來再談一遍,就像一隻蝙蝠在夜色中那般飛翔不定,還有什麼比這個演說更令人感到困惑呢?」

按照一定的順序說明一件事情,由外而內、層層描述,才能清晰有力,倘若你顛三倒四,想到什麼就說什麼,只會造成頭尾不通,唯有說話有序,語句間才能銜接緊密,意思才會連貫,所以我們在說話時,可以多多運用連接詞,達到言之有序的目的。

例如,說話時放棄什麼都想說的想法,先想好說話的主題,然後按照開場、主體、結束的順序說下去,或是利用「首先」、「其次」、「然後」、「結尾」等一些連接詞,將所說內容連接起來,這樣就能避免說得太多而導致混亂,讓聽者產生疑惑。

而說話沒有次序的另一個表現就是離題,因此,言之有序的重點在於繞著主題說,避免束拉西扯一些毫無關係的故事,切記重要的詳細說,次要的略說;重要的先說,次要的後面說。

④ 言之有禮:避開具爭議性的話題

人與人來往時,舉止要有禮,說話更要有禮,誰都不喜歡和無禮的人打交道。何謂禮貌的說話?態度謙和、出言謹慎、以和為貴,講者談論問題時,盡可能兼顧各方感情與利益,盡量求同存異。

在演說中,一旦發現自己的話題過度敏感,就可以立刻轉移話題,不要不知趣地說個半天,如果因自己的疏忽,開啟了讓他人不快的話題,就應當道歉。

⑤ 言之有采：表現出巨星的感染力

言語既是思想交流的過程，也是表現個人文采的途徑之一，說話鏗鏘有力、活靈活現，有很強的感染力與說服力，便是好口才的重點。

公眾說話的最高境界是既能說得清楚，讓人容易接受，又能像詩歌一樣具有美感，更重要的是能達到講者的目的；無論是銷售東西還是宣揚理念，所以「信、達、雅」三者兼顧是也。

公眾演說是有公式可以套用的，人們任何一項技能，也都可以經由後天練成的，美國二十世紀有位知名演說家威廉・詹寧斯・布萊安（William Jennings Bryan），他第一次上台演說時，因過度緊張而身體不斷顫抖，膝蓋還不斷撞在一起，更何況一般人呢？

「敢說話」的人並不是「會說話」的人，敢說話的人也不代表著他說得出什麼高深見解，那什麼才說得上是真正的「好口才」呢？所謂的好口才，是指說出來的話擲地有聲，話一出口就能得到觀眾的肯定，而不是被你的喋喋不休弄得心煩意亂、不清不楚。

那些能把意思說到位、把道理分析得頭頭是道的人，都是用自身肚子裡的真材實料來征服觀眾，聽他們說話，能感到如沐春風，正所謂「聽君一席話，勝讀十年書」，聽完他們的高見，更能感受到茅塞頓開的暢快感。

因此，即使你口才不佳，只要遵循幾個大方向多加改善，就可以讓你的公眾演說水準蒸蒸日上。

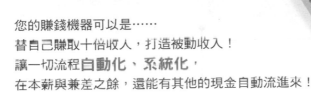

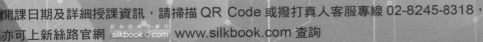

密室逃脫創業培訓

Innovation & Startup SEMINAR

體驗創業 ➜ 見習成功 ➜ 創想未來

創業的過程中會有很多很多的問題圍繞著你，團隊是一個問題、資金是一個問題、應該做什麼樣的產品是一個問題……，事業的失敗往往不是一個主因造成，而是一連串錯誤和Ｎ重困境累加所致，猶如一間密室，要逃脫密室就必須不斷地發現問題、解決問題。

創業導師傳承智慧，拓展創業的視野與深度

由神人級的創業導師——王晴天博士親自主持，以一個月一個主題的博士級 Seminar 研討會形式，透過問題研討與策略練習，帶領學員找出「真正的問題」並解決它，學到公司營運的實戰經驗。

創業智能養成 × 落地實戰技術育成

有三十多年創業實戰經驗的王博士將從——價值訴求、目標客群、生態利基、行銷＆通路、盈利模式、團隊＆管理、資本運營、合縱連橫，這八個面向來解析，再加上最夯的「阿米巴」、「反脆弱」……等諸多低風險創業原則，結合歐美日中東盟……等最新的創業趨勢，全方位、無死角地總結、設計出 12 個創業致命關卡密室逃脫術，帶領創業者們挑戰這 12 道主題任務枷鎖，由專業教練手把手帶你解開謎題，突破創業困境。

保證大幅提升您創業成功的機率增大數十倍以上！

魔法講盟

區塊鏈國際
認證講師班

錯過區塊鏈，將錯過一個時代！馬雲說：「區塊鏈對未來影響超乎想像。」錯過區塊鏈就好比 20 年前錯過網路！想了解什麼是區塊鏈嗎？想抓住區塊鏈創富趨勢嗎？

　　區塊鏈目前對於各方的人才需求是非常的緊缺，其中包括區塊鏈架構師、區塊鏈應用技術、數字資產產品經理、數字資產投資諮詢顧問等，都是目前區塊鏈市場非常短缺的專業人員。

魔法講盟 特別對接大陸高層和東盟區塊鏈經濟研究院的院長來台授課，**魔法講盟**是唯一在台灣上課就可以取得大陸官方認證的機構，課程結束後您會取得大陸工信部、國際區塊鏈認證單位以及魔法講盟國際授課證照，取得證照後就可以至中國大陸及亞洲各地授課＆接案，並可大幅增強自己的競爭力與大半徑的人脈圈！

由國際級專家教練主持，
即學・即賺・即領證！
一同賺進區塊鏈新紀元！

課程地點： 采舍國際出版集團總部三樓
　　　　　　魔法教室
新北市中和區中山路 2 段 366 巷 10 號 3 樓
（中和華中橋 CostCo 對面）🚇 中和站 or 🚇 橋和站

查詢開課日期及詳細授課資訊・報名
請掃左方 QR Code，或上新絲路官網 **silkbook✪com** 新・絲・路・網・路・書・店 www.silkbook.com 查詢。

STARTUP WEEKEND @ TAIPEI

2020
世界華人・亞洲
超級大師會台北

邀請您一同創富圓夢，開啟財富大門！

2020 世界華人・亞洲八大盛會，廣邀夢幻及魔法級導師傾囊相授，助您擺脫代工的微利宿命，在「難銷時代」創造新的商業模式。高 CP 值的創業創富機密、世界級的講師陣容指導必勝賺錢術，讓您找到著力點，不再被錢財奴役，奪回人生主導權，顛覆未來！

　　正值零工經濟浪潮，多工價值時代讓多角化人生如複利魔法般快速成長，如果您信仰「work hard, play harder」的人生哲學，受夠無限迴圈的職務內容，您需要有經驗的名師來指點，誠摯邀請想擁有多重身分及豐富經驗斜槓人生的您，一同交流、分享，儘管身處微利時代，也能替自己加薪，創造絕對的財務自由，賺取被動收入，如此盛會您絕對不能錯過！

　　只要懂得善用資源、借力使力，創業成功不是夢，利用槓桿加大您的成功力量，把知識轉換成有償服務系統，讓您連結全球新商機，趨勢創業智富，開啟未來十年創新創富大門，更助您組織倍增、財富倍增，產生複利魔法，帶來豐碩的人生成果！

活 動 資 訊

2020 世界華人八大明師

🕐 2020 年 **6/6、6/7**，9:00 ～ 18:00

📍 新店台北矽谷（新北市新店區北新路三段 223 號 🚇 大坪林站）

2020 亞洲八大名師高峰會

🕐 2020 年 **6/13、6/14**，9:00 ～ 18:00

📍 新店台北矽谷（新北市新店區北新路三段 223 號 🚇 大坪林站）

多詳細資訊，請洽真人客服專線（02）8245-8318，或上官網新絲路網路書店 _silkbook com_ www.silkbook.com 查詢

國家圖書館出版品預行編目資料

不動氣溝通：不踩雷的零失誤攻心說話術／楊智翔 著. -- 初版. -- 新北市：創見文化，2020.01
面；公分. --　（成功良品；110）

ISBN 978-986-271-875-9 (平裝)

1.說話藝術　2.溝通技巧

192.32　　　　　　　　　　　　　108020392

成功良品110

不動氣溝通

出版者／創見文化
作者／楊智翔
總編輯／歐綾纖
文字編輯／牛菁　　　　　　　　美術設計／Mary

本書採減碳印製流程，碳足跡追蹤，並使用優質中性紙（Acid & Alkali Free）通過綠色環保認證，最符環保要求。

台灣出版中心／新北市中和區中山路2段366巷10號10樓
電話／（02）2248-7896　　　　傳真／（02）2248-7758
ISBN／978-986-271-875-9
出版年度／2020年1月

全球華文市場總代理／采舍國際
地址／新北市中和區中山路2段366巷10號3樓
電話／（02）8245-8786　　　　傳真／（02）8245-8718

全系列書系特約展示
新絲路網路書店
地址／新北市中和區中山路2段366巷10號10樓
電話／（02）8245-9896
網址／www.silkbook.com

本書於兩岸之行銷（營銷）活動悉由采舍國際公司圖書行銷部規畫執行。

線上總代理 ■ 全球華文聯合出版平台　www.book4u.com.tw
主題討論區 ■ http://www.silkbook.com/bookclub　　　● 新絲路讀書會
紙本書平台 ■ http://www.book4u.com.tw　　　　　　　● 華文網網路書店
電子書下載 ■ http://www.silkbook.com　　　　　　　● 電子書中心

Ⓑ 華文自資出版平台
www.book4u.com.tw
elsa@mail.book4u.com.tw
iris@mail.book4u.com.tw

全球最大的華文自費出版集團
專業客製化自資出版‧發行通路全國最強！